Neue Reihe
Staatswissenschaftlicher Arbeiten
4. Heft

Der Meerengenvertrag von Montreux

vom 20. Juli 1936

und seine Vorgeschichte (seit 1918)

Von

Dr. Joachim Suche

Duncker & Humblot / München und Leipzig

Copyright 1936 by Duncker & Humblot,
München und Leipzig

Pierersche Hofbuchdruckerei Stephan Geibel & Co., Altenburg, Thür.

Vorwort

Die vorliegende Abhandlung entstand auf Anregung von Herrn Professor Dr. L a u n , o. Professor an der Hansischen Universität, Hamburg. Ich möchte ihm auch an dieser Stelle für die wohlwollende Förderung meiner Arbeit verbindlichsten Dank sagen.

Der Verfasser

Übersicht

	Seite
Einleitung	1

Erster Abschnitt: Die Meerengenfrage seit 1918 — 3

   I. Waffenstillstand 1918, der Gedanke der Internationalisierung der türkischen Meerengen und seine Gestaltung im Diktat von Sèvres (1920) 3
   II. Der türkische Freiheitskampf 1919–1922 6
   III. Die Meerengenverhandlungen in Lausanne 1922/23 11
   IV. Das Meerengenabkommen von Lausanne und seine Auswirkung in der Praxis 15
   V. Die Stadien des diplomatischen Revisionskampfes der Türkei . . 23
   VI. Die Meerengenverhandlungen in Montreux 1936 27

Zweiter Abschnitt: Die heutige Rechtslage auf Grund des Vertrages von Montreux — 32

   I. Allgemeines 32
   II. Präambel und negative Regelung des Montreuxvertrages 34
   III. Die positive Regelung des Montreuxvertrages 41
      A. Der Schiffsverkehr 42
         1. Handelsschiffe 43
            a) im Frieden 43
            b) im Kriege bei türkischer Neutralität 44
            c) bei drohender Kriegsgefahr für die Türkei 45
            d) im Kriege bei türkischer Kriegführung 46
         2. Kriegsschiffe 47
            a) im Frieden 47
            b) im Kriege bei türkischer Neutralität 56
            c) bei drohender Kriegsgefahr für die Türkei 62
            d) im Kriege bei türkischer Kriegführung 64
         3. Sanitätsvorschriften 65
      B. Der Flugverkehr 66

Schluß 68

Abkürzungen:

Doc. = Strupp, Documents pour servir à l'histoire du droit des gens.

EE = Englischer Entwurf für ein Meerengenabkommen vom 6. Juli 1936.

GVR = Strupp, Grundzüge des positiven Völkerrechts.

LFV = Lausanner Friedensvertrag vom 24. Juli 1923.

LMA = Lausanner Meerengenabkommen vom 24. Juli 1923.

MV = Montreuxvertrag vom 20. Juli 1936.

RDO = Reichsverband Deutscher Offiziere (Zeitschrift).

Soc. d. Nat., Journ. off. = Société des Nations, Journal officiel.

TE = Türkischer Entwurf für ein Meerengenabkommen vom 22. Juni 1936.

TP = Strupp, Theorie und Praxis des Völkerrechts.

VB = Völkerbund.

VBS = Völkerbundssatzung.

VBuVR = Völkerbund und Völkerrecht (Zeitschrift).

WdV = Strupp, Wörterbuch des Völkerrechts und der Diplomatie.

Zeitschr. f. ausl. öff. R. u. VR. = Zeitschrift für ausländisches öffentliches Recht und Völkerrecht.

Einleitung

Am 20. Juli 1936 ist in Montreux von den Bevollmächtigten Großbritanniens, Frankreichs, Rußlands, Japans, Griechenlands, Bulgariens, Rumäniens, Jugoslawiens und der Türkei ein neues Abkommen über die türkischen Meerengen unterzeichnet worden, das, wie es in seiner Präambel heißt, an die Stelle der Lausanner Convention concernant le Régime des Détroits vom 24. Juli 1923 treten soll. Dieser Beschluß der in Montreux vertretenen Mächte, das Lausanner Meerengenabkommen durch einen neuen Vertrag zu ersetzen, ist das Ergebnis eines jahrelangen, zielbewußten diplomatischen Revisionskampfes der Türkei. Betrachtet man nun die neue Regelung, so muß man feststellen, daß der Staat Kemal Atatürks sich damit von den letzten Fesseln befreit hat, die der Türkei nach ihrer Niederlage im Weltkriege von den feindlichen Alliierten angelegt worden waren und die bereits 1923 in Lausanne abzuschütteln ihr nicht gelungen war.

Man darf daher, wenn man das neue Meerengenabkommen von Montreux in seiner historischen Bedingtheit ganz verstehen will, nicht nur bis auf das Lausanner Meerengenabkommen zurückgehen, sondern muß die Entwicklung der Meerengenfrage seit der türkischen Niederlage 1918, also seit dem Waffenstillstand von Mudros verfolgen. Bei dieser Blickrichtung erkennen wir, daß in der Frage der Meerengen eine klare Linie türkischen Freiheitsstrebens von Mudros nach Montreux führt, daß das Lausanner Meerengenabkommen nur eine Zwischenlösung, und daß der erwähnte diplomatische Revisionskampf nur eine Fortsetzung des türkischen Freiheitskrieges (1919 bis 1922) mit andern Mitteln war, jedoch demselben Ziele diente: der Türkei die Sicherheit und Unabhängigkeit zurückzugewinnen. So muß uns heute der Montreuxvertrag in einer Frage von weltpolitischer Bedeutung als die endliche Liquidation des Weltkrieges erscheinen.

Die Problematik der türkischen Meerengen datiert zwar nicht erst vom Weltkriege, sondern ist sogar älter als die türkische Herrschaft am Goldenen Horn selbst. Doch muß in diesem Rahmen auf die Darstellung der zwar zum geschichtlich-politischen Verständnis der Meerengenfrage erforderlichen, jedoch in sich abgeschlossenen Epochen verzichtet werden. Dieser Verzicht ist um so leichter, als über die Vorkriegsgeschichte der türkischen Meerengen eine umfangreiche Literatur vorliegt, und als vor allem auch die Meerengengeschichte der Nachkriegszeit infolge des Bruchs mit allen früheren Grundsätzen doch ein völlig abgeschlossenes Ganzes bildet, das eine selbständige Behandlung rechtfertigt.

Verzichtet wird weiterhin auf eine einleitende ausführliche Behandlung der allgemeinen Völkerrechtsnormen über Meerengen[1]. Denn es ist heute allgemein anerkannt, daß die türkischen Meerengen wegen ihrer besonderen geographischen, historisch-politischen, wirtschaftlichen und strategischen Lage und der direkt an dieser Wasserstraße liegenden Stadt Konstantinopel eine besondere Behandlung erfordern[2], wie sie sie ja auch immer erfahren haben. Das für die türkischen Meerengen geschaffene Vertragsrecht und die Pläne und Entwürfe für ein solches müssen daher den Ausgangspunkt für die nachfolgenden Untersuchungen bilden.

---

[1] Das geschieht in diesem Rahmen oft; vgl. Kumrow, Dendrino. Danach müßten die türkischen Meerengen, da sie zwei offene Meere verbinden, für die Durchfahrt aller Handels- und Kriegsschiffe frei sein.

[2] Vgl. Laun, S. 118 ff.

Erster Abschnitt
Die Meerengenfrage seit 1918

I. Waffenstillstand 1918, der Gedanke der Internationalisierung der türkischen Meerengen und seine Gestaltung im Diktat von Sèvres (1920)

Der Weltkrieg war nach vierjährigem Ringen für die Türkei und die verbündeten Mittelmächte verloren! Seit Mitte September 1918 befanden sich die türkischen Truppen an der Palästinafront auf dem Rückzug und in voller Auflösung. Bulgarien schloß am 29. September mit den Ententemächten einen Sonderwaffenstillstand. Auch Österreich hatte bereits am 14. September um einen Sonderfrieden gebeten. Der Bund der Mittelmächte war praktisch gesprengt, die Verbindung nach Deutschland zerrissen, an militärischen Widerstand gegen die siegreichen Ententemächte konnte das völlig erschöpfte Osmanische Reich nicht mehr denken; es mußte sich auf Gnade und Ungnade den alliierten Siegermächten unterwerfen. Am 30. Oktober 1918 wurde an Bord des englischen Schlachtschiffes „Agamemnon" im Hafen von Mudros der Waffenstillstand unterzeichnet; am folgenden Tage trat er in Kraft. Die Möglichkeit, die Orientalische Frage im Sinne der Alliierten einer Lösung zuzuführen, war nunmehr gegeben. Was die Frage der türkischen Meerengen betraf, so wurde eine einstweilige Regelung durch Art. 1 des Waffenstillstandsvertrages[1] getroffen, der lautet:

„Opening of Dardanelles and Bosphorus and secure access to the Black Sea.

Allied occupation of Dardanelles and Bosphorus forts."

Über das endgültige Schicksal der türkischen Meerengen herrschte einstweilen nur insoweit Klarheit, als diese wichtige Wasserstraße der souveränen Beherrschung durch den Sultan entzogen werden sollte. Die Vertreibung der Türkei aus Europa wurde als Ziel der künftigen Friedensregelung gefordert. Das Schlagwort lautete: „Freiheit der

---

[1] v. Martens-Triepel, Nouveau Recueil général de Traités, Serie 3, Bd. XI, S. 159.

Meerengen!". Den Weg zur Verwirklichung sah man in ihrer Internationalisierung.

Zwar hatte England, das schon während des Krieges mit seinen Verbündeten geheime Abkommen über die Verteilung der türkischen Beute schloß, dem russischen Außenminister Sasonow in einem Memorandum vom 27. März 1915 versprochen, in die Angliederung Konstantinopels und der Meerengen an Rußland einzuwilligen[2]. Dieses Versprechen war jedoch durch die russische Revolution erledigt. Denn nachdem bereits Kerenski durch sein Manifest vom 27. März 1917 mit den Worten „Ni annexions, ni indemnités"[3] auf die Erfüllung jener Abmachungen verzichtet hatte, war an eine Durchsetzung dieser Ansprüche durch die Sowjets, die seit dem 7. November 1917 an der Macht waren, überhaupt nicht mehr zu denken; denn Rußland war vollkommen mit inneren Angelegenheiten beschäftigt.

So konnte Lloyd George in einer öffentlichen Rede am 5. Januar 1918 die Internationalisierung der Meerengen vorschlagen[4].

Im Punkt 12 der 14 Punkte Wilsons aus der Kongreßrede vom 8. Januar 1918, in dem es heißt[5]:

„... and the Dardanelles should be permanently opened as a free passage to the ships and commerce of all nations under international guarantees."

wurde alsdann die Öffnung der türkischen Meerengen offiziell zum Programm für die künftige Friedensregelung erhoben.

Dieser Gedanke einer ständigen Öffnung der türkischen Meerengen war damals allerdings nicht neu. Bereits auf den Wiener Vorverhandlungen 1855, die dem Pariser Frieden von 1856 vorangingen, machte der russische Vertreter Fürst Gortschakoff einen dahingehenden Vorschlag[6], der jedoch abgelehnt wurde, da er den politischen Zielen der europäischen Mächte nicht entsprach, die Rußlands Kriegsschiffe nicht nur von den Meerengen und damit vom Mittelmeer, sondern — wie das Ergebnis des Pariser Friedens von 1856 zeigte — sogar vom Schwarzen Meer, das neutralisiert wurde, ausschließen wollten. Man hielt damals doch an der „ancienne règle de l'Empire Ottoman", der Schließung der Meerengen fest und machte den russischen Vorschlag gar nicht einmal zur Verhandlungsgrundlage[7].

---

[2] Vgl. Ziemke, S. 58.
[3] Hill, S. 522.
[4] Rougier, S. 319, Anm. 1.
[5] Vgl. „Welt des Islams", Bd. VIII, S. 15.
[6] Vgl. Protokoll der Sitzung v. 21. April 1855 bei v. Martens, Serie 1, Bd. XV, S. 676 ff. und Annex B, v. Martens, a. a. O. S. 686.
[7] Siehe Mischef, S. 514 ff. Er bezeichnet (im Jahre 1899!) die Öffnung der Meerengen als die bestmögliche Lösung der Meerengenfrage (im russischen Sinne), S. 516.

Dagegen gelangte in den Verträgen über die Magellanstraße (23. Juli 1881), den Suezkanal (29. Oktober 1888) und den Panamakanal (18. November 1901) der Grundsatz der „liberté de passage et de navigation" zum Siege. Bald schon zeigte sich auch die Tendenz, diese Spezialregelungen durch ein Universalabkommen zu ersetzen, das den Grundsatz der Durchfahrtsfreiheit für alle Meerengen und Kanäle, die zwei freie Meere verbinden, einführen sollte. Das „Institut de Droit International", die zweite Haager Friedenskonferenz (1907), die „Union interparlamentaire" (1910) sowie die von ihr eingesetzte „Commission des Détroits et des Canaux Maritimes" (1911 bis 1913) und schließlich die Neutrale Konferenz in Stockholm (1917) haben an der Vorbereitung eines Universalabkommens gearbeitet, und wenn ein solches auch nicht zustande kam, haben sie doch den Gedanken der Durchfahrts- und Schiffahrtsfreiheit in den Meerengen und Kanälen gefördert und theoretisch vertieft[8]. Praktische Beispiele und theoretische Vorschläge für eine Internationalisierung lagen damals, als diese Frage für die türkischen Meerengen akut wurde, also in genügender Zahl vor.

Im Friedensvertrag von Sèvres[9] fand dann der Grundsatz der Öffnung und Internationalisierung die erste auf die türkischen Meerengen zugeschnittene Ausarbeitung.

Über die Grundzüge des Meerengenregimes hatten sich England, Frankreich und Italien schon auf der Konferenz des Obersten Rates der Alliierten in San Remo am 24. April 1920 geeinigt. Auf die Meinung der besiegten Türkei brauchte keine Rücksicht genommen zu werden. Am 11. Mai wurde der fertige Entwurf der Friedensbedingungen, der auch die Meerengenbestimmungen enthielt, der osmanischen Delegation in Versailles überreicht. Der Entwurf atmete den Geist aller Pariser Vorortsdiktate und legte der Türkei schwerste und schmählichste Bedingungen auf.

Die Vorschriften über das Meerengenregime sind in den Art. 37—61 sowie einem Anhang von sechs Paragraphen enthalten. Zunächst wird die unbeschränkte Freiheit der Durchfahrt für Handels- und Kriegsschiffe zu Friedens- und Kriegszeiten ausgesprochen (Art. 37 I). Blockaden und feindselige Akte der Kriegsschiffe sind verboten (Art. 37 II). Die Überwachung der Freiheit der Meerengen wird einer mit gewissen Hoheitsrechten ausgestatteten „Commission des Détroits" übertragen (Art. 38, 41, 42), die sich aus Vertretern der USA., Englands, Frankreichs, Italiens, Japans, Griechenlands, Rumäniens, Rußlands, Bulgariens und der Türkei zusammensetzen soll; aus denen der letzten drei Staaten allerdings erst nach ihrem Eintritt in den Völker-

---

[8] Vgl. De Visscher, 1923, S. 561 f.; im einzelnen siehe dazu insbesondere die zusammenfassende Würdigung der gesamten Bestrebungen bei Laun, S. 24 ff.

[9] Strupp, Doc., Bd. V, S. 62 ff.

bund. Die fünf erstgenannten Hauptmächte, unter denen auch der Vorsitz wechselt[10], sowie Rußland sollen je zwei Stimmen in der Kommission haben, die andern Staaten je eine (Art. 40). Die Kontrollbefugnisse der Kommission erstrecken sich auf die Gewässer zwischen Dardanelleneinfahrt am Mittelmeer und Bosporuseinfahrt am Schwarzen Meer, nötigenfalls auch auf die Ufer der Meerengen (Art. 39). In diesem Bezirk werden der Zuständigkeit der Kommission auch weitestgehende Verwaltungs- und Polizeifunktionen (Art. 43), ja sogar Streitentscheidungen (Art. 61) überwiesen. Die türkische Regierung wird fast ganz ausgeschaltet und von einer türkischen Souveränität kann man, obgleich das Gebiet nicht aus dem Staatsverbande gelöst wird, unter solchen Bedingungen kaum sprechen. Das gesamte in Art. 179 des Sèvresvertrages näher bezeichnete Gebiet soll entmilitarisiert werden. Dem Sultan wird nur für Konstantinopel eine Leibwache von 700 Mann zugestanden. Die Kommission kann ein selbständiges Polizeikorps bilden, das sich zwar aus Eingeborenen rekrutieren, aber von fremden Offizieren befehligt werden soll.

II. Der türkische Freiheitskampf 1919—1922

Jenes schmähliche Meerengenstatut von Sèvres sollte allerdings niemals in Kraft treten. Denn inzwischen hatte sich die Situation im vorderen Orient erheblich verändert.

Im Innern Anatoliens war unter Mustafa Kemal eine Bewegung erstanden, die unter Zusammenfassung aller Kräfte des türkischen Volkes Widerstand gegen die Auflage eines schmählichen, dem Volke die Freiheit und Unabhängigkeit raubenden Friedens leisten wollte. Im Dezember 1919 bildete sich neben der Regierung des Sultans in Konstantinopel eine „nationale Regierung" Mustafa Kemal in Angora. Der Geist Kemal Paschas beherrschte auch die am 19. Januar 1920 in Konstantinopel eröffnete Nationalversammlung. Diese nahm am 28. Januar den „Nationalpakt"[11] an, der für die türkischen Teile des Osmanischen Reiches Freiheit und Unabhängigkeit forderte und damit zugleich die unabdingbaren Mindestforderungen der Türkei für den zukünftigen Frieden formulierte. Zur Frage der Meerengen nahm der Nationalpakt in Art. 4 folgendermaßen Stellung[12]:

„La sécurité de Constantinople, capitale de l'Empire et siège du Khalifat et du Gouvernement Ottoman, ainsi que celle de la mer de Marmara, doivent être à l'abri de toute atteinte.

---

[10] Annex § 1 nach Art. 61.
[11] Siehe Oriente Moderno, Bd. I, S. 154 (ital.); Welt des Islams, Bd. VIII, S. 16 (franz.).
[12] Zit. nach Welt des Islams, a. a. O.

Ce principe une fois posé et admis, les soussignés sont prêts à souscrire à toute décision qui sera prise d'un commun accord par le Gouvernement impérial, d'une part, et les puissances intéressées, de l'autre, en vue d'assurer l'ouverture des Détroits au commerce mondial et aux communications internationales."

Die Forderungen des Nationalpaktes wurden durch den Präsidenten der Nationalversammlung den Parlamenten der Alliierten mitgeteilt. Die Antwort Englands war die Besetzung Konstantinopels am 16. März 1920 und die gewaltsame Aufhebung der Nationalversammlung, deren Reste, soweit sie nicht von den Engländern nach Malta deportiert wurden, nach Angora flohen.

Das Vorgehen Englands war jedoch ein Schlag ins Wasser; denn nun konstituierte sich am 23. April 1920 in Angora die „Große Türkische Nationalversammlung", die alle Gewalt in sich vereinigte. Mustafa Kemal wurde zu ihrem Präsidenten gewählt.

Die neue Regierung in Angora richtete sich anfangs nicht gegen das Sultanat. Nur mit der Begründung, daß der Sultan und seine Regierung in Konstantinopel infolge der Besetzung nicht mehr frei in ihren Entschlüssen seien, erklärte die Angoraregierung die Sultanregierung zu Gefangenen der Entente und bestimmte durch Gesetz vom 7. Juni 1920, daß alle Akte derselben vom Tage der Besetzung an ungültig seien.

Damit war das Faustpfand, das England mit Konstantinopel in der Hand zu halten glaubte, wertlos geworden. Zwar konnte der Sultan, nachdem er vergeblich durch eine Bittdelegation in Spa (Juli 1920) versucht hatte, eine Milderung der Friedensbedingungen zu erreichen, gezwungen werden, den Diktatfrieden anzunehmen (22. Juli) und am 10. August in Sèvres unterschreiben zu lassen. Doch auch dieser Akt wurde gemäß dem erwähnten Gesetz vom 7. Juni von der Angoraregierung nicht anerkannt. England mußte weitere Schritte ergreifen, wenn es der Türkei, das heißt auch der Angoraregierung den Sèvresfrieden aufzwingen wollte.

Da machte England Gebrauch von dem Angebot Griechenlands[13], durch militärische Maßnahmen die Türkei zur Annahme des Sèvresfriedens gefügig zu machen. Der Auftrag, der Griechenland von dem „Orientalischen Dreibund" (England — Frankreich — Italien) erteilt wurde, lautete, die Ordnung in Anatolien herzustellen[14].

Ende Juni 1920 begann die große griechische Offensive. Positive Unterstützung fand Griechenland allerdings nur bei England, während Italien und Frankreich sich zurückhielten. Sie waren an der Durch-

---

[13] Venizelos in Hythe und Spa, vgl. Ziemke, S. 120.
[14] Vgl. Jäschke-Pritsch, S. 35.

führung dieses in erster Linie englische Interessen berücksichtigenden Friedensdiktates nicht in dem Maße interessiert, da sie bei der Verteilung der Länderbeute schlecht abgeschnitten hatten und sich von einer Revision des Sèvresvertrages höchstens einen Vorteil für ihr Land versprachen. Außerdem sahen beide Länder nur ungern eine Vergrößerung des englischen und griechischen Einflusses im östlichen Mittelmeer. Während Italien von vornherein für einen für beide Seiten annehmbaren, gerechten Frieden plädiert hatte, war für Frankreich erst die Rückberufung des griechischen Königs Konstantin, des Schwagers des deutschen Kaisers Wilhelm II., der letzte Anlaß, um auf die türkische Seite überzuschwenken. Der Auftrag des orientalischen Dreibundes für Griechenland wurde durch die Restauration Konstantins hinfällig, da die Alliierten für diesen Fall sich ihre Handlungsfreiheit vorbehalten hatten. Griechenland stand nun allein und kämpfte fortan auf eigene Faust. Den griechischen Vormarsch brachte Kemal Pascha Anfang des Jahres 1921 zum Stehen.

Da gelang es Italien, England für eine Erörterung des Orientfriedens unter Hinzuziehung griechischer und türkischer Vertreter zu gewinnen. Sowohl die Regierung des Sultans als auch die Angoraregierung wurden nach London eingeladen; beide entsandten Delegationen, die jedoch zur Enttäuschung der Alliierten auf der Londoner Konferenz (21. Februar bis 12. März 1921) beide, auf dem Nationalpakt fußend, denselben Standpunkt vertraten.

In der Meerengenfrage fanden sich die Türken zu einigen Zugeständnissen bereit: Sie erklärten sich mit der Einsetzung einer Internationalen Meerengenkommission sowie mit einer Entmilitarisierung der Küsten einverstanden unter der Bedingung, daß die Sicherheit Konstantinopels garantiert und der Türkei eine Vertretung in der Kommission zugebilligt werde. Andererseits war auch England auf die Einwirkung Frankreichs und Italiens hin zum Nachgeben bereit, wenn es auch von einer „Revision" des Sèvresfriedens nichts wissen wollte. Im Vorschlag der Alliierten vom 12. März 1921[15], gerichtet an Griechenland und die Türkei, wurde der Türkei eine Einschränkung der entmilitarisierten Zonen an den Meerengen sowie zwei Stimmen und der Vorsitz in der Meerengenkommission zugestanden. Außerdem wurde die Räumung Konstantinopels von den Truppen der Alliierten in Aussicht gestellt. — Infolge des erneuten Vormarsches der siegessicheren Griechen führte dieser Vorschlag jedoch zu keinem Ergebnis. Damit war die Londoner Orientkonferenz gescheitert[16].

---

[15] Abgedruckt bei Ziemke, S. 449.

[16] Ihr wesentliches Ergebnis bestand in der Anerkennung der Angoraregierung als Repräsentantin des türkischen Volkes durch die Alliierten; vgl. Ziemke, S. 154.

In dem nun folgenden griechisch-türkischen Waffengang hielten sich die Alliierten zurück, selbst England rückte immer mehr von Griechenland ab. Die alliierten Oberkommissare in Konstantinopel erklärten am 18. Mai 1921 die Neutralität der Besatzungstruppen. Die Meerengenzonen wurden neutrales Gebiet, in dem sich keine Kampftruppen aufhalten noch Rekrutierungen vorgenommen werden durften[17]. Am 10. August beschloß auch der Oberste Rat der Alliierten in Paris, strenge Neutralität zu wahren[18].

Inzwischen war es der Angoraregierung gelungen, einige wichtige diplomatische Erfolge zu erringen, die für ihren Freiheitskampf von großer moralischer wie praktischer Bedeutung waren. Am 1. März 1921 wird in Moskau ein türkisch-afghanischer Bündnisvertrag geschlossen, am 9. März schließt der Angoravertreter auf der Londoner Orientkonferenz ein Abkommen mit Frankreich, am 12. März mit Italien. Zwar werden beide Abkommen von der Regierung in Angora nicht genehmigt, trotzdem zieht Italien Ende Juni seine Truppen aus der Adaliagegend, die es unter Verletzung des Waffenstillstandes, aber mit nachträglicher Genehmigung des Obersten Rates im April 1919 besetzt hatte, zurück[19], und Frankreich schließt am 10. Oktober 1921 den „Angoravertrag", der den Kriegszustand zwischen Frankreich und der Türkei beendet und somit England völlig isoliert. Der wichtigste Vertrag ist aber der am 16. März 1921 geschlossene „Moskauer Vertrag" zwischen der Türkei und Rußland. Rußland, das durch Tschitscherin bereits im Juni 1920 seine Zustimmung zum türkischen Nationalpakt erklärt hatte[20], versprach auch in diesem Vertrage Unterstützung der türkischen Friedensforderungen, erkannte Konstantinopel als Hauptstadt der Türkei an und sah eine neue Regelung der Meerengenfrage unter ausschließlicher Teilnahme der Uferstaaten des Schwarzen Meeres vor[21]. Die wohlwollende Neutralität, richtiger: die offensichtliche Freundschaft Rußlands verschaffte der Türkei die für ihren Freiheitskampf notwendige Rückendeckung. Am 2. Januar 1922 wurde in Angora sogar noch ein Freundschaftsvertrag zwischen Rußland und der Türkei geschlossen.

Die Lösung der Orientfrage und die endliche Herbeiführung des Friedens erschien nun immer dringlicher. Am 22. März 1922 traten die Außenminister Frankreichs, Englands und Italiens zu einer **zweiten Orientkonferenz** in Paris zusammen. Den kämpfenden Parteien wurde ein Waffenstillstand sowie neue Friedensbedingungen, die auf

---

[17] Jäschke-Pritsch, S. 49; Ziemke, S. 156.
[18] Ziemke, S. 157f.
[19] Siehe Ziemke, S. 91, 93, 157.
[20] Jäschke-Pritsch, S. 34.
[21] Art. 5 des Moskauer Vertrages, s. Hoetzsch-Bertram, S. 31.

Grund einer weiteren „Modifizierung" des Sèvresvertrages gefunden waren, vorgeschlagen[22]. An dem Meerengenstatut wird im wesentlichen festgehalten. Das Schicksal Ostthraziens, das heißt des europäischen Ufers der Meerengen, ist in dem Vorschlag besonders eingehend behandelt. England ist im Gegensatz zu den andern Mächten mit einer Rückgabe dieses Gebietes an die Türkei nicht einverstanden, es will vielmehr selbst hier durch das befreundete Griechenland einen beträchtlichen Einfluß auf die Meerengen ausüben. Den Griechen wird daher die Halbinsel Gallipoli sowie der westliche Teil Ostthraziens zugesprochen. Zum gegenseitigen Schutz vor Angriffen soll, insbesondere im Hinblick auf die türkischen Sicherheitsforderungen für Konstantinopel, ganz Ostthrazien entmilitarisiert werden. Eine Besatzung der Alliierten auf Gallipoli soll die Freiheit der Meerengen und die Entmilitarisierung Ostthraziens gewährleisten.

An dem Verlangen der Angoraregierung, daß zunächst ganz Anatolien von fremden Truppen geräumt werden müsse, scheiterte auch dieser Versuch einer Orientlösung. Angora konnte es darauf ankommen lassen, da ihm von Poincaré zu verstehen gegeben worden war, daß die Alliierten auch bei einer Ablehnung ihrer Vorschläge nicht an ein militärisches Eingreifen dächten. Die grundsätzliche Verschiedenheit der Ansichten in der Orientfrage, nicht nur zwischen der Türkei, die ihren Nationalpakt noch nicht verwirklicht sah, einerseits und den Alliierten andererseits, sondern auch gerade unter den Alliierten selbst, wodurch jedes energische gemeinsame Vorgehen von ihrer Seite verhindert wurde, ließ eine gütliche Regelung der Orientprobleme immer fraglicher erscheinen.

Da entschloß sich Mustafa Kemal Ende August 1922 zu einer **großen Offensive**, der ein voller Erfolg beschieden war: In kurzer Zeit waren die Griechen völlig geschlagen, und es befand sich bald kein griechischer Soldat mehr auf anatolischem Boden.

Ein Hindernis für den türkischen Vormarsch bildete nun nur noch die neutrale Zone an den Meerengen. Die türkische Aufforderung an den englischen Besatzungsgeneral Harrington, mit den alliierten Truppen die Zone zu räumen, und der drohende Übertritt der Türken nach Europa bewogen Lloyd George am 16. September 1922 zu einem flammenden Aufruf an die Balkanstaaten und die britischen Dominions mit der Aufforderung, die Freiheit der Meerengen mit Waffengewalt zu verteidigen. Das Ergebnis dieses Aufrufs war ein vollständiger Mißerfolg für Lloyd George. Frankreich und Italien lehnten nicht nur eine militärische Beteiligung ab, sondern zogen sogar ihr Truppenkontingent vom asiatischen Ufer der Meerengen auf das europäische

---

[22] Vorschlag abgedruckt bei Ziemke, S. 451 ff.

zurück. Von den Balkanstaaten war keiner, von den Dominions nur Neuseeland und Australien zur Hilfe bereit![23] England hätte jetzt, nachdem die Griechen geschlagen waren, das Risiko auf sich nehmen müssen, selbst, und zwar allein, für seine Orientinteressen zu kämpfen. Eine vollständige politische Isolierung wäre die Folge gewesen. England zog daher ein Nachgeben vor, willigte in die Rückgabe Ostthraziens an die Türkei ein und erreichte stattdessen die Unterstützung der Entente dafür, daß der status quo an den Meerengen bis zur endgültigen Regelung der Meerengenfragen auf der künftigen Friedenskonferenz aufrechterhalten werden sollte. Unter diesen Bedingungen erklärte die Türkei sich zu Waffenstillstands- und Friedensverhandlungen bereit und stellte den Vormarsch auf die neutrale Zone ein. Den Forderungen des Nationalpaktes war im wesentlichen Anerkennung verschafft, die Freiheit der Meerengen wurde — wiederum unter Hinweis auf die unbedingte Voraussetzung der Sicherheit Konstantinopels — anerkannt[24].

Am 11. Oktober 1922 wurde in Mudania der Waffenstillstand[25] unterzeichnet. Über das endgültige Schicksal der Meerengen besagt auch er noch nichts. Der status quo, das heißt die Besetzung der neutralen Zonen durch die alliierten Truppen ist bis zur Friedensregelung von der Türkei zu achten.

England, Frankreich und die Türkei waren mit diesem einstweiligen Ergebnis zufrieden[26]. Das Diktat von Sèvres, das immer nur toter Buchstabe bleiben sollte, war jetzt auch von England aufgegeben und vergessen. Die Lösung der Orientfrage auf neuer Grundlage war der großen Friedenskonferenz vorbehalten, auf der jede Macht ihren Standpunkt, vom Mudaniavertrag ausgehend, durchzusetzen hoffte.

Inzwischen hatte auch Rußland sein Recht, bei der Lösung der Meerengenfrage mitzuwirken, angemeldet[27]. Der englischen Herrschaft über die Meerengen die türkische vorziehend, trat es für die unbeschränkte Souveränität der Türkei über Konstantinopel ein. Die Alliierten versprachen, Rußland zu den Verhandlungen, soweit sie die Meerengen beträfen, einzuladen.

III. Die Meerengenverhandlungen in Lausanne 1922/23

Am 20. November 1922 wurde die große Friedenskonferenz in Lausanne eröffnet. Es handelte sich hier nicht nur darum, zwischen der Türkei und Griechenland den Frieden wieder aufzurichten, es stand

---

[23] Vgl. Ziemke, S. 171.
[24] Vgl. Note v. 4. Oktober 1922 bei Giannini, S. 4.
[25] v. Martens-Triepel, Serie 3, Bd. XIII, S. 336 ff.; Giannini, S. 8 ff.
[26] Vgl. Ziemke, S. 175 f.
[27] Note v. 24. September 1922; vgl. Ziemke, S. 177.

vielmehr der gesamte Komplex der Orientfragen zur Debatte, also das Verhältnis der Türkei zu Europa schlechthin. Die Stellung der Türkei war diesmal eine völlig andere, verglichen mit allen bisherigen Konferenzen seit Mudros 1918. Der türkische Vertreter Ismet Pascha verkörperte eine siegreiche Nation, die zudem nicht nur Griechenland besiegt, sondern auch den Alliierten den Verzicht auf den Diktatfrieden von Sèvres abgetrotzt hatte. Nicht Mudros und Sèvres war die Grundlage dieser Konferenz, sondern Mudania, und das bedeutete: Verhandeln unter Gleichberechtigten.

Es waren jetzt auch nicht mehr zwei türkische Regierungen in Lausanne vertreten. Die Sultanregierung war am 4. November 1922 zurückgetreten[28]. Die Große Türkische Nationalversammlung in Angora verkörperte von nun an die alleinige Regierungsgewalt in der Türkei; Ismet Pascha vertrat in Lausanne die einzige und legitime türkische Regierung.

Die Verhandlungen in der Meerengenfrage wurden in der Kommission für territoriale und militärische Fragen, die unter dem Vorsitz des britischen Außenministers Lord Curzon tagte, geführt. Den äußeren Gang der Verhandlungen zeigt am besten eine Aufzählung der bei der Kommission eingereichten Entwürfe, Gegenentwürfe und Erklärungen in zeitlicher Reihenfolge[29]:

1. Entwurf der Alliierten vom 6. Dezember 1922.
2. Türkische Kritik vom 8. Dezember 1922.
3. Stellungnahme Lord Curzons vom 8. Dezember 1922.
4. Veränderter Entwurf der Alliierten vom 18. Dezember 1922.
5. Türkischer Gegenentwurf vom 18. Dezember 1922.
6. Russischer Gegenentwurf vom 18. Dezember 1922.
7. Zwei Vorschläge der Alliierten vom 19. Dezember 1922
   a) bezüglich Meerengenkommission,
   b) bezüglich Sicherheitsgarantie.
8. Türkischer Vorschlag eines Garantiepaktes vom 19. Dezember 1922.
9. Russische Erklärung vom 19. Dezember 1922.
10. Entwurf des Friedensvertrages mit Annex Nr. 1 (Meerengenkonvention) vom 31. Januar 1923.
11. Brief Ismet Paschas vom 4. Februar 1923.

Diese Dokumente ergeben folgendes Bild der sich aus der Konferenz gegenüberstehenden Fronten und Standpunkte[30]. England, bei

---

[28] Jäschke-Pritsch, S. 68.
[29] Abgedruckt L'Asie française, Jan./Febr. 1923, S. 11ff.
[30] Es soll hier nicht die Stellungnahme der Delegationen zu allen einzelnen Punkten dargestellt werden (darüber vgl. Sauerteig, Linn u. a.; am genauesten:

dem die Dardanellensperre des Weltkrieges noch in unangenehmer Erinnerung ist, will etwas Ähnliches in Zukunft ein für allemal unmöglich machen. Das Mittel ist: die Aufstellung des Grundsatzes eines schrankenlosen Durchfahrtsrechts für Kriegsschiffe; völlige Entmilitarisierung beider Ufer der Meerengen, das heißt das Verbot für die Türkei, hier Befestigungen und Garnisonen zu unterhalten; schließlich internationale Kontrolle zur Gewährleistung der Befolgung vorstehender Grundsätze. England verlangte die Öffnung der Meerengen, um jederzeit mit seiner Flotte im Schwarzen Meer operieren zu können. Das gleichzeitig ermöglichte Erscheinen russischer Flotten im Mittelmeer fürchtete England im Hinblick auf die wenigen, überalterten russischen Seestreitkräfte damals nicht.

Mr. Child, der Beobachter der Vereinigten Staaten auf der Lausanner Konferenz, unterstützte den englischen Standpunkt, indem er die Notwendigkeit betonte, daß amerikanische Kriegsschiffe überall dorthin folgen könnten, wohin amerikanische Bürger und Handelsschiffe gelangen[31].

Nicht etwa die Türkei selbst, sondern Rußland ist es, das den dem britischen völlig entgegengesetzten Standpunkt vertritt. Es fordert uneingeschränkte türkische Souveränität über die Meerengen und Schließung der Meerengen für nichttürkische Kriegsschiffe. Rußland, das hatte einsehen müssen, daß es nicht selbst Konstantinopel und die Meerengen erlangen konnte, zog die türkische Herrschaft einer internationalen, das heißt britischen Herrschaft vor. Die Türkei sollte ihm ein ergebener Türhüter und ein Schutz für die russische Schwarzmeerküste vor englischer Bedrohung sein.

Die Lösung der Meerengenfrage im Sinne des russischen Vorschlages wäre der Türkei an sich nicht unlieb gewesen. Sie sah aber die Aussichtslosigkeit dieses Standpunktes ein. Der russische Gegenentwurf wurde von vornherein als Verhandlungsgrundlage abgelehnt. England hielt starr an den drei Grundsätzen des alliierten Entwurfs fest, die Türkei sah, daß es durch nichts davon abzubringen sein würde. Ismet Pascha ging daher den taktisch richtigeren Weg, wenn er, von dem alliierten Entwurf ausgehend, Ausnahmen, Milderungen und Einschränkungen durchzusetzen und dadurch die Unabhängigkeit und Sicherheit der Türkei und ihrer Hauptstadt zu wahren suchte. Und in Einzelheiten fand der türkische Delegierte die Engländer, die ihre grundsätzlichen Forderungen angenommen sahen, auch zu Zugeständnissen bereit: Die Entmilitarisierung wird unter Ausschluß

Livre jaune), sondern es soll nur versucht werden, in kurzer Zusammenfassung die politischen und strategischen Hintergründe der verschiedenen Einstellungen aufzudecken.

[31] Rougier, S. 322, Anm. 1.

des Marmarameeres auf die Ufer des Bosporus und der Dardanellen beschränkt; eine türkische Garnison von 12 000 Mann für Konstantinopel und die Unterhaltung eines Arsenals und einer Marinestation daselbst werden zugestanden; die türkischen See- und Luftstreitkräfte genießen unbeschränkte Bewegungsfreiheit, und auch die Truppen dürfen die entmilitarisierten Zonen frei passieren; an einer internationalen Meerengenkommission wird zwar festgehalten, doch werden ihr alle Verwaltungsaufgaben, wie sie im Sèvresvertrag vorgesehen waren [32], genommen und der Türkei vorbehalten, die damit die volle Verwaltungshoheit behält; auch eine internationale Überwachung der Durchführung der Entmilitarisierung, die der Türkei gänzlich überlassen wird, findet nicht statt.

Mit dem Vorschlag eines besonderen Garantiepaktes für die durch die Entmilitarisierung gefährdete Sicherheit der Türkei und ihrer Hauptstadt dringt Ismet Pascha allerdings nicht durch. Doch wird ein zwar recht fragwürdiges Sanktionssystem gegen Verletzung der Freiheit der Meerengen in den Vertragsentwurf aufgenommen [33], das außerdem eine der Türkei unerwünschte Mitwirkung des Völkerbundes vorsieht.

Soweit war im Laufe der Verhandlungen die Einigung zwischen England und der Türkei durch gegenseitiges Nachgeben vorgeschritten, als am 4. Februar 1923 die Lausanner Konferenz ohne ein sichtbares vertragliches Ergebnis abgebrochen wurde [34]. An demselben Tage wurde aber noch der letzte zwischen England und der Türkei stehende Streitpunkt, die Frage einer türkischen Garnison auf der Halbinsel Gallipoli, durch den Verzicht Ismet Paschas beseitigt. Infolge dieser Einigung blieb den Mächten hinsichtlich der Meerengenfrage bei einer etwaigen späteren Wiederaufnahme der Lausanner Konferenz nichts anderes als die Unterzeichnung des neuen Meerengenstatuts zu tun übrig.

Der Abbruch der Friedenskonferenz hatte keine Wiederaufnahme der Kriegshandlungen zur Folge, denn auf keiner Seite bestand Kriegslust, sondern überall der dringende Wunsch nach Frieden. Am 28. April 1923 wurden daher die Friedensverhandlungen wieder aufgenommen, nachdem Ismet Pascha bereits am 8. März ausdrücklich die Annahme der Meerengenvertragsentwürfe erklärt hatte. Auf diesem zweiten Teil der Lausanner Konferenz war Rußland gar nicht mehr vertreten.

---

[32] Siehe oben S. 5.

[33] Auf das Sanktionssystem wird später noch genauer einzugehen sein, da es infolge seiner Mangelhaftigkeit ein Hauptgrund für die spätere Revision des Meerengenstatuts wurde. Vgl. unten S. 21f.

[34] Die Gründe für den Abbruch lagen nicht auf dem Gebiet der Meerengenfrage, sondern der Wirtschaftsfragen sowie der Frage der Kapitulationen. Vgl. Ziemke, S. 211—214.

Am 24. Juli 1923 wurde schließlich in Lausanne zusammen mit dem Friedensvertrag[35] und mehreren anderen Einzelabkommen, die „Convention concernant le Régime des Détroits"[36] in der Form, wie sie auf dem ersten Teil der Lausanner Konferenz im Wege der englisch-türkischen Einigung gefunden worden war, unterschrieben.

England, die an der Meerengenfrage außer Rußland am meisten interessierte europäische Macht, hatte sich grundsätzlich durchgesetzt. Die Türkei hatte erreicht, was damals zu erreichen war[37]. Und die richtige Erkenntnis der türkischen Delegation, daß England der einzig ernstzunehmende Gegner sei und daß in allen Fragen, die nicht wie die Meerengenfrage wichtige Interessen Englands berührten, unbeugsamer Widerstand geleistet werden konnte, und das Handeln nach dieser Erkenntnis trug der Türkei dafür in fast allen andern Punkten der Friedensregelung die Erreichung ihrer Ziele ein. So kann man mit Recht sagen, daß sowohl die Türkei als auch England die Konferenz als Sieger verließen[38].

IV. Das Meerengenabkommen von Lausanne und seine Auswirkung in der Praxis

Die Convention concernant le Régime des Détroits vom 24. Juli 1923 trat zusammen mit dem Friedensvertrag von Lausanne[39], dessen integrierender Bestandteil sie war[40], am 6. August 1924 gegenüber England, Italien, Japan, Rumänien, Griechenland und der Türkei, am 30. August 1924 auch gegenüber Frankreich in Kraft. Jugoslawien hat das Abkommen überhaupt nicht unterzeichnet; Rußland hat es zwar nachträglich am 14. August 1923 in Rom unterzeichnet, aber niemals ratifiziert. Von der in Art. 19 der Konvention vorgesehenen Beitrittsmöglichkeit dritter Staaten ist kein Gebrauch gemacht worden.

Noch vor Inkrafttreten dieser Verträge hatte auf Grund eines Protokolls, ebenfalls vom 24. Juli 1923[41], die Räumung der von den Alliierten noch besetzt gehaltenen Zonen an den Meerengen sowie die Zurückziehung der alliierten Seestreitkräfte aus den Meerengen zu er-

---

[35] v. Martens-Triepel, Serie 3, Bd. XIII, S. 342; Société des Nations, Recueil de Traités, Bd. 28 (1924), S. 12 ff.
[36] v. Martens-Triepel, a. a. O. S. 391; Soc. d. Nat. Rec. d. Tr., a. a. O. S. 116 ff.
[37] Das Meerengenstatut von Lausanne muß im wesentlichen doch als mit den Forderungen des immer verfochtenen Nationalpaktes übereinstimmend angesehen werden!
[38] Vgl. Ziemke, S. 234.
[39] Vgl. Art. 20 LMA i. V. m. Art. 143 LFV.
[40] Art. 23 LFV.
[41] Vgl. Ziemke, S. 257.

folgen, nämlich sechs Wochen nach der Ratifizierung der Lausanner Verträge durch die türkische Nationalversammlung. Diese wurde bereits am 23. August 1923 vorgenommen, eben um diese Frist bald in Lauf zu setzen. Am 2. Oktober erfolgte daher die Räumung durch die alliierten Truppen[42]. In einer türkischen Deklaration zum gleichen Protokoll wird den Kriegsschiffen der Alliierten die Durchfahrtsfreiheit schon vor Inkrafttreten des Lausanner Meerengenabkommens zugestanden sowie den drei Mächten das Recht eingeräumt, bis zum Inkrafttreten je einen Kreuzer und zwei Zerstörer in den Meerengen zu stationieren.

Das Lausanner Meerengenabkommen wird beherrscht von dem Grundsatz der „liberté de passage et de navigation, par mer et dans les airs, en temps de paix comme en temps de guerre"[43].

Die Durchfahrtsregelung im einzelnen[44] ist in einem Annex zu Art. 2 enthalten: Für **Handelsschiffe**[45], denen Hospitalschiffe, Jachten, Fischereifahrzeuge und zivile Luftfahrzeuge gleichgestellt sind, besteht im Frieden wie im Kriege, in dem die Türkei selbst neutral ist, absolute Durchfahrtsfreiheit bei Tag und bei Nacht. Befindet sich die Türkei selbst im Kriege, so kann sie die Schiffahrt ihrer Feinde hindern, jedoch nur in einem Rahmen, der die neutrale Schiffahrt nicht unmöglich macht. Die Schiffahrtsfreiheit der Neutralen erstreckt sich aber nur so weit, als sie die Feinde der Türkei nicht unterstützen, das heißt Konterbande, feindliche Truppen oder feindliche Staatsangehörige befördern. Um dieses zu verhindern, hat die Türkei das „droit de visite".

Für **Kriegsschiffe**[46], denen Hilfskreuzer, Truppentransportschiffe, Flugzeugträger und militärische Luftfahrzeuge gleichgestellt sind, gilt in Friedenszeiten grundsätzlich die gleiche Freiheit der Durchfahrt; doch besteht kein Durchfahrtsrecht für die Flotte eines Staates, die größer ist als die größte Flotte der Schwarzmeeruferstaaten. Ohne Rücksicht auf das Flottenverhältnis dürfen die Mächte jedoch jederzeit drei Schiffe von je höchstens 10 000 t durchfahren lassen. — In Kriegszeiten bei türkischer Neutralität gilt das gleiche wie im Frieden. Den kriegführenden Schiffen sind Wegnahmen und Visitationen sowie überhaupt jeder feindselige Akt in den Meerengen verboten. Für die Verproviantierung gelten die Vorschriften des XIII. Haager Abkommens von 1907. — Befindet sich die Türkei selbst im Kriege, so dürfen ihre Maßnahmen gegen den Feind die neutrale Schiffahrt nicht unmöglich

---

[42] Jäschke-Pritsch, S. 76.
[43] Art. 1 LMA; Art. 23 LFV.
[44] Vgl. dazu Liszt-Fleischmann, S. 296 ff.; Strupp, TP S. 84; ders. GVR S. 87 u. a. m.
[45] Annex § 1.
[46] Annex § 2.

machen. Neutrale Militärflugzeuge überfliegen die Meerengen auf eigene Gefahr und unterliegen dem Untersuchungsrecht der Türkei. Für Unterseeboote ist allgemein Überwasserfahrt vorgeschrieben[47].

Das Durchfahrtsrecht der Kriegsschiffe umfaßt nicht das Recht, sich länger in den Meerengen aufzuhalten, als es zur Bewerkstelligung der Durchfahrt selbst erforderlich ist[48]. Es ist der Türkei vorbehalten, Bestimmungen über zulässige Anzahl und Aufenthaltsdauer von Kriegsschiffen in den türkischen Häfen zu treffen. Dasselbe gilt für die Uferstaaten des Schwarzen Meeres bezüglich ihrer Häfen[49].

Die Aufgabe der Commission des Détroits ist es, sich zu vergewissern, ob die in §§ 2, 3 und 4 des Annexes aufgestellten Vorschriften genau beobachtet werden[50]. Gemäß § 2 des Annexes hatte die Kommission daher festzustellen, welches die größte Schwarzmeerflotte sei und zweimal im Jahr die Anzahl ihrer Einheiten, nach Schiffstypen geordnet, den interessierten Mächten mitzuteilen. Außerdem mußte jede Veränderung in der Schiffsstärke der größten Schwarzmeerflotte sofort gemeldet werden. Schließlich hatte die Meerengenkommission noch alljährlich dem Völkerbund, unter dessen „Auspizien" sie ihre Mission auszuüben hatte, einen Bericht einzureichen, der Rechenschaft über die Erfüllung ihrer Mission abzulegen und außerdem zweckdienliche Nachrichten über Handel und Schiffahrt mitzuteilen hatte[51]. Mehr war von dem umfangreichen Aufgabenkreis, den der Sèvresvertrag für die Meerengenkommission vorsah[52], nicht übriggeblieben. Die Befugnisse der Kommission erstrecken sich insbesondere auch nur „sur les eaux des Détroits"[53], vor allem unterstanden ihr nicht die entmilitarisierten Zonen.

Die Meerengenkommission konstituierte sich am 24. Oktober 1924 in Konstantinopel, dem ihr in Art. 10 angewiesenen Amtssitz. Sie setzte sich aus je einem Mitglied der Ratifikationsstaaten zusammen und stand unter dem Vorsitz des türkischen Mitgliedes[54].

Die Tätigkeit der Commission des Détroits hat eine besondere Bedeutung nicht erlangt. Verletzungen der Durchfahrtsregeln sind kaum vorgekommen[55]. Am 6. Juni 1929 allerdings erschienen 34 italienische Militärwasserflugzeuge in den Meerengen und später im Schwarzen

---

[47] § 3.
[48] Annex § 4.
[49] § 5.
[50] Art. 14 LMA.
[51] Art. 15.
[52] Siehe oben S. 5.
[53] Art. 11 LMA.
[54] Art. 12 LMA.
[55] Vgl. Hill, S. 528.

Meer, während Rußland, das die stärkste Schwarzmeerflotte unterhielt[56], nur 21 Militärwasserflugzeuge im Schwarzen Meer besaß. Der Vorsitzende der Kommission berichtete am 20. Juni an den Generalsekretär des Völkerbundes[57]. Im Juli folgte ein formeller Protest der Meerengenkommission beim Völkerbundsrat[58]; doch wurde die Sache beigelegt, und diese Verletzung des Meerengenstatuts blieb ohne weitere politische Folgen.

Eine Beschwerde Griechenlands im Jahre 1929 über Schwierigkeiten, die seinen Schiffen bei der Durchfahrt von den türkischen Behörden bereitet würden, konnte als unbegründet bezeichnet werden[59].

Als am 16. Januar 1930 zwei Schiffe der russischen Ostseeflotte, das Linienschiff „Parishkaia Kommuna" (26 000 t) und der Kreuzer „Profintern" (6800 t), in die Meerengen einliefen[60] und von der Türkei mit Böllerschüssen begrüßt wurden, erfaßte die ganze Welt eine starke Erregung. Eine Verletzung des Meerengenabkommens, von der gesprochen wurde, lag jedoch nicht vor. Einmal war Rußland, das das Lausanner Meerengenabkommen nicht ratifiziert hatte, gar nicht an diesen Vertrag gebunden. Aber abgesehen davon war die Durchfahrt dieser Schiffe nicht statutwidrig, da die Bestimmungen des Abkommens über die Tonnagebegrenzung[61] gar nicht auf die Uferstaaten des Schwarzen Meeres — also auch nicht auf Rußland — zu beziehen waren. Denn durch die erwähnte Vorschrift sollte verhindert werden, daß fremde Mächte eine größere Flotte als die größte uferstaatliche im Schwarzen Meer haben, nicht aber sollte verhindert werden, daß die Uferstaaten selbst ihre Flotte vergrößern. Diese allein richtige Auslegung des § 2a des Annexes vertrat auch die Kommission selbst; sie berief sich auf Art. 5 ihres „Règlement de passage des navires de guerre par les Détroits"[62], der bestimmt, daß die Uferstaaten jederzeit ihre ganze Flotte oder Teile derselben durch die Meerengen passieren lassen dürfen[63].

Dieser Fall der beiden russischen Kriegsschiffe stellt also keine Verletzung der Durchfahrtsbestimmungen dar. Es folgte ihm auch keine mehr, so daß der Fall der italienischen Militärwasserflugzeuge die

---

[56] Während der ganzen Zeit der Herrschaft des Lausanner Meerengenstatuts hatte Rußland die stärkste Flotte im Schwarzen Meer.

[57] Brief, abgedruckt in Soc. d. Nat., Journal officiel 1929, S. 1291.

[58] Vgl. Deutsche Allgemeine Zeitung v. 27. Juli 1929.

[59] Vgl. Le Milliett v. 21. Nov. 1929; Correspondance d'Orient, Dez. 1929.

[60] Angeblich unangemeldet, doch teilte am 23. Januar die Meerengenkommission durch ein Communiqué mit, daß die Schiffe bei ihr angemeldet gewesen seien. Vgl. Correspondance d'Orient, Februar 1930.

[61] Annex § 2a LMA.

[62] Enthalten im Bericht an den Völkerbund von 1928.

[63] Vgl. Correspondance d'Orient, Februar 1930.

einzige Verletzung blieb, solange das Lausanner Meerengenabkommen galt.

Die Berichte der Meerengenkommission — erstmalig über das Jahr 1925 — enthalten anfangs Klagen über türkische Behinderung der freien Handelsschiffahrt, die auf überalterte Verwaltungsvorschriften zurückzuführen seien, sowie über zu hohe Taxen[64]. Der dritte Bericht kann aber schon befriedigende Verbesserungen feststellen[65]. Die Berichte über die Jahre 1930 und 1931 erheben allerdings wiederum Einspruch wegen zu hoher Sanitäts- und Bergungsgebühren[66], und das ist auch bis zum letzten Bericht nicht anders geworden[67]. Kleinliche Schwierigkeiten ergaben sich anfangs im Verhältnis der Kommission zu den türkischen Behörden hinsichtlich der Immunität der Mitglieder und im Falle der Hissung der Kommissionsflagge; auch wurde als nachteilig das Fehlen eines eigenen Nachrichtendienstes empfunden, so daß die Kommission bezüglich der Durchfahrtsereignisse und Schiffsmeldungen ganz auf die Mitteilungen angewiesen war, die die türkischen Behörden ihr zuleiteten[68]. Die Zusammenarbeit mit der Türkei gestaltete sich später aber durchaus befriedigend. — Auch Rußland, das die Konvention nicht ratifiziert hatte, fand sich später zur Mitteilung seiner jeweiligen Flottenstärke im Schwarzen Meer bereit, allerdings auf diplomatischem Wege über seinen Gesandten in Angora.

Der Völkerbund ergriff auf Grund der Berichte selbst keine Maßnahmen, wie ihm von der Meerengenkommission anheimgestellt worden war, sondern leitete die Berichte nach Kenntnisnahme an die Vertragsmächte des Meerengenabkommens weiter[69]. Der Völkerbund ist mit der Frage der Meerengen darüber hinaus nicht befaßt worden, und die Bestimmung, daß die Meerengenkommission unter den Auspizien des Völkerbundes ihre Mission erfüllte, hat sich praktisch nicht weiter ausgewirkt.

Die Entmilitarisierung sollte sich außer auf die Inseln des Marmarameers[70], die Inseln Samothrace, Lemnos[71], Imbros und Tenedos sowie die Kanincheninseln im Ägäischen Meer noch auf näher bezeichnete Streifen von 15—20 km Breite an beiden Ufern des Bosporus und der Dardanellen erstrecken[72]. Hier durfte die Türkei keine

---

[64] Vgl. Völkerbundsratssitzungsprotokolle in Soc. d. Nat., Journ. off. 1926 S. 874; 1927 S. 778. Der erste Bericht ist abgedruckt Soc. d. Nat., Journ. off. 1926 S. 951 ff.
[65] Vgl. Soc. d. Nat., Journ. off. 1928 S. 879.
[66] Siehe Le Temps v. 19. März 1931; Hamburger Nachrichten v. 13. April 1932.
[67] Vgl. Le Messager d'Athènes v. 9. Juni 1935 über Bericht für das Jahr 1934.
[68] Vgl. zu allem den ersten Bericht a. a. O.
[69] Vgl. Protokolle a. a. O.
[70] Die Insel Emir-Ali-Adasi ausgenommen.
[71] Diese beiden Inseln sind griechisches Staatsgebiet.
[72] Art. 4 LMA.

Befestigungen, keine festen Batterien, keine Unterseekriegsmittel außer Unterseebooten, keine militärischen Fluganlagen und keinen Flottenstützpunkt unterhalten und außer Gendarmerie und Polizei mit genau vorgeschriebener Bewaffnung keine Truppen stationieren[73]. Ausnahmen waren nur für Konstantinopel vorgesehen, wo die Türkei eine Garnison von 12000 Mann, ein Arsenal und eine Marinestation unterhalten durfte[74].

Die Feststellung der Grenzen der entmilitarisierten Zonen an Ort und Stelle war einer Kommission übertragen worden, die sich aus je einem englischen, französischen, italienischen und türkischen Vertreter zusammensetzen sollte[75]. Das türkische Kommissionsmitglied wurde seinerzeit in der englischen Presse beschuldigt, Obstruktion gegen die Festlegung betrieben zu haben, indem es nur eine ungerechtfertigt schmale Zone der Entmilitarisierung unterwerfen wollte[76].

Die Entmilitarisierung selbst, das heißt das Schleifen der Festungsanlagen usw., wurde der Türkei völlig überlassen. Ein internationales Organ zur Überwachung der vertragsmäßigen Durchführung wurde nicht eingesetzt. Es muß der Türkei bestätigt werden, daß sie in loyaler Weise die vertragsmäßig übernommene Entmilitarisierung durchführte.

Die Entmilitarisierung bedeutete aber doch eine schwere Belastung der Souveränität der Türkei und ist von den Türken immer als solche drückend empfunden worden. Zwar ist zu beachten, daß die Türkei in Lausanne erhebliche Zugeständnisse für ihre Sicherheit erlangen konnte, so daß sie nach dem Vertrage durchaus die Möglichkeit hat[77], Truppen durch die entmilitarisierten Zonen zu führen, daselbst Aushebungen vorzunehmen, Kriegsschiffe ohne Rücksicht auf das Verhältnis zur stärksten Schwarzmeerflotte durch die Engen fahren sowie in ihren Territorialgewässern liegen zu lassen. Ihre Flugzeuge dürfen die Meerengen überfliegen und ständig kontrollieren; sie können auch in den Zonen ohne Einschränkung landen bzw. zu Wasser gehen. Die Türkei darf jegliche Art von Beobachtungsstationen sowie Anlagen zur Nachrichtenübermittlung unterhalten. — Außerdem ist es ja verhältnismäßig leicht und schnell möglich, im Kriegsfall ein Gebiet wie das der Meerengen in Verteidigungszustand zu setzen, insbesondere wo die Möglichkeit besteht, schon zu Friedenszeiten außerhalb der Zonen alle Vorbereitungen hierfür zu treffen. Man hat aus allen diesen Gründen gesagt, daß die ganze Entmilitarisierung nicht allzu viel Wert habe und

---

[73] Art. 6 LMA.
[74] Art. 8 LMA; siehe auch S. 14.
[75] Art. 5 LMA.
[76] Vgl. The Times v. 20. Jan. 1925; Frankfurter Zeitung v. 8. Mai 1925 (nach einer Meldung des Daily Telegraph).
[77] Vgl. dazu Rougier, S. 328f.

nicht viel mehr als ein „Symbol des Friedens"[78] sei. Damit wird man jedoch den trotz allem nicht unberechtigten Besorgnissen der Türkei um ihre Sicherheit nicht gerecht.

Die Belastung durch die Entmilitarisierung allein würde aber die Türkei wahrscheinlich noch nicht zu einer Revision des Lausanner Meerengenabkommens getrieben haben, wenn nicht noch eine ständige Entwertung der in Art. 18 des Abkommens enthaltenen Garantie, die die Sanktionen der Mächte vorsah, hinzugekommen wäre.

Die Garantieklausel[79] war in die Konvention hineingenommen, einmal um im Interesse der Meerengenbenutzer die Befolgung der Durchfahrtsvorschriften sicherzustellen, dann aber vor allem, um der Türkei im Falle eines Angriffs auf ihr Gebiet den Schutz der Mächte angedeihen zu lassen. Die Garantie war die notwendige Kompensation für die Opfer, die die Türkei brachte, dadurch daß sie auf ständige Verteidigungsanlagen an den Meerengen und damit auf das Recht, selbst nachdrücklich für die eigene Sicherheit zu sorgen, verzichtete. Entmilitarisierung und Garantie der Mächte standen daher in engster Wechselbeziehung[80].

Die Garantie des Art. 18 umfaßte alle Fälle, in denen es sich um eine Verletzung der Durchfahrtsbestimmungen, einen unerwarteten Angriff, um irgendeinen kriegerischen Akt oder eine Kriegsdrohung und damit um eine Gefahr für die Freiheit der Meerengenschiffahrt und die Sicherheit der entmilitarisierten Zonen handelt. Obgleich dieser Rahmen weit genug gefaßt zu sein scheint, wies die Garantie doch eine erhebliche Lücke auf: Sobald die Türkei sich selbst im Kriege befand — ein Zustand, der ja nicht allein von ihrem Willen abhing! —, versagte die Garantie[81]. Denn wie im Kriege die Türkei nicht mehr an die Entmilitarisierungsbestimmungen gebunden war und sich selbst schützen konnte und sollte, so sollte nach dem Willen der Alliierten dann auch die Garantie nicht eingreifen. Und mit dem Vorschlag eines Garantiepaktes für die Unverletzlichkeit des türkischen Meerengengebietes in Krieg und Frieden war Ismet Pascha in Lausanne ja nicht durchgedrungen[82]. Dieser Punkt war für die Türkei schon recht unbefriedigend, da die von vornherein gegebene Unterlegenheit der Türkei, die keine ständigen Verteidigungsanlagen besitzen durfte, unausgeglichen blieb[83].

---

[78] So der französische Vertreter in Lausanne, Barrère; vgl. Rougier, S. 328.
[79] Das Wort „Garantie" ist allerdings in Art. 18 LMA selbst vermieden worden!
[80] Das wird auch in Art. 18 IV LMA anerkannt.
[81] Vgl. u. a. Sauerteig, S. 45.
[82] Siehe oben S. 14.
[83] Vgl. Topf, S. 62.

Die Verwirklichung der Garantie hatte darin zu bestehen, daß die Unterzeichnermächte, jedenfalls aber Frankreich, England, Italien und Japan, jeden Akt der Gewalt oder der Bedrohung gemeinsam und mit allen Mitteln, die der Völkerbundsrat hierzu bestimmen werde, verhindern sollten. Der Text des Art. 18 wählt absichtlich die Zeitform des Futurum: „Les Hautes Parties contractantes empêcheront" und „Le Conseil décidera", um damit auszudrücken, daß den Mächten wie dem Völkerbundsrat nicht die freie Wahl bleibt, ob sie handeln wollen oder nicht. Vielmehr hatte ihr Eingreifen automatisch einzusetzen, sobald ein solcher Akt der Gewalt oder der Bedrohung festgestellt werden sollte[84].

Aber der Wert der Garantie wurde durch verschiedene Zweifelsfragen, die bei genauerer Untersuchung der Rechtslage auf Grund des Art. 18 auftauchten, erheblich herabgesetzt. Offensichtlich mußte Einstimmigkeit des beschließenden Völkerbundsrates gegeben sein, damit die Garantie überhaupt wirksam werden konnte[85]. Konnte der Völkerbund aber auch von Amts wegen eingreifen? Was ist damit gemeint, daß „jedenfalls"' Frankreich, England, Italien und Japan eingreifen müssen? Bedeutet die Vorschrift, „gemeinsam" zu handeln, daß die Beistandspflicht für alle entfällt, sobald ein Staat sich weigert oder aus irgendeinem Grunde ausfällt[86]? — Dies alles waren weitere Punkte, die die Garantie für die Türkei recht fragwürdig erscheinen lassen mußten.

Endlich wurde in der Folgezeit überhaupt das Vertrauen in den Wert kollektiver Garantien erheblich erschüttert. In allen Fällen, in denen auf Grund der Völkerbundssatzung (Art. 10 ff.) Kollektivschritte gegen kriegerische Handlungen unternommen werden sollten (Chaco-, Mandschurei- und Abessinienkonflikt) und die als Musterbeispiele auch für einen etwa nötigen Kollektivschritt auf Grund des Art. 18 LMA. gelten konnten, zeigte sich die Schwerfälligkeit und damit die völlige Wirkungslosigkeit der gesamten Maschinerie der kollektiven Sicherheit. — Auch die Institution des Völkerbundes selbst, mit dem die Meerengengarantie unter Hinweis auf die ungeheure moralische Kraft der in ihm verkörperten Völkersolidarität verknüpft worden war[87], büßte beträchtlich an Ansehen ein. Die Türkei war zwar selbst 1932 Mitglied des Völkerbundes geworden, dagegen erklärte Japan — eine der Garantiemächte der Meerengenkonvention! — im Jahre 1933 seinen Austritt aus dem Völkerbund, Deutschland folgte noch im gleichen Jahre, und auch Italien — ebenfalls eine Garantiemacht nach Art. 18 LMA. —

---

[84] Vgl. hierzu Rougier, S. 334.
[85] Argument: Art. 5 der Völkerbundssatzung.
[86] Vgl. statt vieler Topf, S. 64 ff.
[87] Barrère in Lausanne, vgl. Rougier, S. 332.

trug sich während des Abessinienstreitfalls 1935/36 wiederholt mit Austrittsgedanken. Die Einigkeit der Garantiemächte, ohne die eine Verwirklichung der Garantie sehr zweifelhaft erscheinen mußte, bestand nicht mehr!

V. Die Stadien des diplomatischen Revisionskampfes[88]) der Türkei

Welchen Weg ging nun die Türkei, um sich von den Bestimmungen des Lausanner Meerengenabkommens, soweit sie ihren Sicherheitsinteressen widersprachen, zu befreien? Die Revisionsbestrebungen setzten noch nicht gleich nach Abschluß des Meerengenabkommens ein. Die junge Türkei erfreute sich nach neun Jahren Krieg zunächst einmal des Friedens und war mit Fragen der inneren Reorganisation vollauf beschäftigt. Auch zeigte sich der Mangel der türkischen Sicherheit erst allmählich, insbesondere auch als die Abrüstung der Welt, von deren Erfolg man in Lausanne noch ausgegangen war, durchaus keine Fortschritte machte.

Noch im April 1928 erklärte daher der türkische Außenminister Dr. Tewfik Ruschdi Aras einem englischen Korrespondenten, daß die Türkei die Meerengen in Zukunft auch nicht befestigen würde, wenn sie die Erlaubnis dazu erhielte[89]. Auch im Oktober 1929 lehnte die Türkei noch Besprechungen mit dem englischen Admiral Field über ein neues Dardanellenabkommen ab[90]. Der Eintritt in den Völkerbund 1932 bezweckte dagegen wohl schon, die Türkei allmählich und im Einvernehmen mit den Mächten von den Entmilitarisierungsbestimmungen zu befreien[91].

Als im März 1933 der englische Premierminister Macdonald im Rahmen seines Abrüstungsprogramms vorschlug, die gesamte bewegliche schwere Artillerie mit einem Kaliber von mehr als 105 mm abzuschaffen, dafür aber die auf Grund der Pariser Friedensdiktate abgerüsteten Staaten von den einseitigen Abrüstungsbestimmungen zu befreien, da forderte auch die Türkei offen und energisch Remilitarisation der Meerengen. Denn da ihr durch die Lausanner Vorschriften die Unterhaltung von jeglicher „institution permanente d'artillerie"[92] im

---

[88] In allen anderen Fragen, insbesondere Gebietsfragen, ist die Türkei durchaus antirevisionistisch eingestellt, hauptsächlich gegenüber dem durch das Diktat von Neuilly beeinträchtigten Bulgarien. Vgl. Nadolny, S. 456; Brell, S. 535.
[89] Ziemke, S. 425.
[90] Vgl. Hamburgischer Correspondent v. 1. Februar 1930; Völkischer Beobachter v. 22. April 1936.
[91] Vgl. Frankfurter Zeitung v. 28. Juni 1932.
[92] Art. 6 LMA.

Meerengengebiet verboten war, mußte ein hinzukommendes Verbot der in Lausanne erlaubten schweren beweglichen Artillerie eine Verteidigung der Meerengen für die Türkei überhaupt unmöglich machen. Der englische Außenminister Sir John Simon setzte der türkischen Forderung nach Wiederbefestigung der Meerengen jedoch ein kategorisches „Nein" entgegen; er machte dabei geltend, daß das Lausanner Abkommen keine einseitige Abrüstungsverpflichtung auferlege wie die Friedensverträge von Versailles, Trianon, St. Germain und Neuilly. Es handele sich vielmehr um eine auf freier Vereinbarung beruhende zweiseitige Abmachung, auf die die im Macdonald-Plan vorgesehene Vertragsrevision daher keine Anwendung finden könne [93]. Damit war allerdings nur die technische Verknüpfung des Macdonald-Plans mit der Meerengenfrage abgelehnt; auf die Frage selbst war infolgedessen sachlich kaum eingegangen worden. Allerdings sah sich der türkische Außenminister veranlaßt, Sir John Simon die Versicherung abzugeben, daß er nicht beabsichtige, eine Revision des Meerengenstatuts zu fordern [94].

Darauf verhielt die Türkei sich zunächst wieder abwartend und man glaubte bereits, das Auftauchen des Meerengenproblems sei nur eine Episode gewesen. Die Türkei meinte nun wohl, auf dem Wege, den das Moskauer Abkommen von 1921 vorgesehen hatte [95], ihrem Ziel näherzukommen. Denn im Stillen bemühte sie sich um die Bildung eines Blocks der Schwarzmeeranliegerstaaten, der es der Türkei ermöglichen sollte, die Entmilitarisierung der Meerengen aufzuheben und ihre Verwaltung aus dem Machtbereich der Großmächte herauszuheben und ausschließlich den Uferstaaten des Schwarzen Meeres zu unterstellen [96].

Aber bereits im Mai 1934 trat die Türkei, die im November 1933 von dem russischen Kriegskommissar Woroschilow das Versprechen des russischen Beistandes, speziell in der Dardanellenfrage, erhalten hatte [97], wieder öffentlich mit der Forderung nach Wiederbefestigung der Meerengen hervor, und von nun an verstummte diese Frage nicht mehr.

Auf der Ratstagung des Völkerbundes im April 1935, als nach der Wiederaufrüstung Deutschlands im März die Frage der Wiederaufrüstung Österreichs, Ungarns und des türkischen Nachbarn Bulgarien besprochen wurde, bringt der türkische Außenminister auch wieder die Forderung nach der Wiederbefestigung der Meerengen vor. In der ab-

---

[93] Vgl. Berliner Tageblatt v. 13. April 1933.
[94] Lubenoff, Zeitschr. f. ausl. öff. R. u. VR., Bd. IV, S. 882, auf Grund der Times v. 12. Juni 1934.
[95] Siehe oben S. 9.
[96] So Berliner Tageblatt v. 19. Juli 1933.
[97] Vgl. Der deutsche Volkswirt v. 17. April 1936.

gegebenen Erklärung[98] wird zur Begründung des türkischen Anspruchs insbesondere auf die Einseitigkeit der Verpflichtung hingewiesen, der das Gegenstück in der Art des Locarnovertrages fehle. Während die Ratsmächte England und Italien den türkischen Debatteneinwurf als nicht zur Sache gehörig abtun, will der französische Delegierte Laval nicht so sehr den Wunsch nach Befestigung der Dardanellen, als vielmehr nach einer kollektiven Sicherheitsgarantie heraushören[99]. Er trifft damit aber durchaus nicht den wirklichen türkischen Standpunkt. Allein Rußland erklärt, dem Verlangen der Türkei keine Widerstände entgegensetzen zu wollen.

Im Mai 1935 erlangt die Türkei von Rußland erneut die förmliche Zusage, daß es bereit sei, die türkische Stellungnahme in der Frage der Änderung der Meerengenkonvention von 1923 zu unterstützen[100].

Im Juni 1935 fordert Kemal Atatürk selbst bei einem Interview des Vertreters des „Daily Telegraph" die Befestigung der Dardanellen[101].

In Paris werden inzwischen Befürchtungen laut[102], daß ein Nachgeben gegenüber der Türkei dem Deutschen Reich einen willkommenen Präzedenzfall liefern würde, um seinerseits die Aufhebung der entmilitarisierten Rheinlandzone durchzusetzen. Die Türkei allerdings betont die nach ihrer Ansicht grundsätzliche Verschiedenheit der Zwecke dieser beiden Zonen: Während die Rheinlandzone nur verhindern solle, daß Deutschland Frankreich angreife, habe die Meerengenzone gar nicht die Aufgabe, einen türkischen Angriff auf ein fremdes Land zu verhindern, sondern das Ziel, der Türkei die berechtigte Verteidigung gegen Angriffe einer beliebigen feindlichen Flottenmacht unmöglich zu machen. Diesen Zustand könne die Türkei aber nicht mehr länger dulden.

In der Völkerbundsversammlung vom 14. September 1935 gelegentlich der Sanktionsbeschlüsse gegen Italien im Abessinienkonflikt verliest der türkische Außenminister wiederum eine Erklärung[103], die wie ein ständiges „ceterum censeo" die bekannte türkische Forderung noch einmal und fast mit denselben Worten der Erklärung vor dem Rat im April desselben Jahres[104] aufstellt und begründet.

Aber noch war England nicht zur Aufgabe seines Widerstandes zu bewegen. War doch England der eigentliche Sieger in Lausanne bei der

---

[98] Siehe Soc. d. Nat., Journ. off. 1935, S. 562; abgedruckt auch bei Lubenoff, a. a. O., Bd. V, S. 623.
[99] Vgl. Soc. d. Nat., Journ. off. a. a. O. S. 563; Lubenoff, a. a. O. S. 624.
[100] Frankfurter Zeitung v. 16. Mai 1935.
[101] Vgl. Baseler Nachrichten und Le Messager d'Athènes v. 27. Juni 1935.
[102] Siehe Bremer Nachrichten mit Weserzeitung v. 9. Juli 1935.
[103] Vgl. Soc. d. Nat., Journ. off. Suppl. spéc. No. 138, S. 77; Lubenoff, Bd. VI, S. 103.
[104] Siehe oben S. 24.

Lösung der Meerengenfrage gewesen, und war die geltende Regelung doch die den britischen Interessen am meisten entsprechende[105]! Allerdings zeigte sich schon immer mehr, daß die Entmilitarisierungsvorschriften, so sehr sie für die Türkei eine Belastung darstellten, doch den Benutzern der Meerengen nicht die Sicherheit geben konnten, daß die Türkei nicht doch im Ernstfall zur Sperrung der Dardanellen in der Lage sei. Im Oktober 1935 tauchte das Gerücht auf, daß es der Türkei auf Grund eingehender Vorbereitungen nunmehr möglich sei, binnen sechs Stunden die Dardanellen durch eine Minenblockade in den Verteidigungszustand zu setzen[106].

Den Umschwung in der englischen Haltung zur Meerengenfrage scheint aber erst der Konflikt Italiens mit dem Völkerbund wegen Abessinien und die gegen Italien gerichtete englische Mittelmeerpolitik herbeigeführt zu haben. Durch das Zugeständnis der Revision des Meerengenabkommens hat England wahrscheinlich das türkische Beistandsversprechen gegen Italien (eigentlich ja nur eine selbstverständliche Pflicht der Türkei aus dem Völkerbundspakt!) eingehandelt. In der englischen und türkischen Öffentlichkeit wurde die ausdrückliche Verknüpfung dieser beiden Fragen allerdings vermieden; aber die plötzliche Bereitschaft der Türkei für einen Sanktionskrieg, ohne das ausdrückliche Revisionsversprechen der Vertragsmächte von Lausanne erhalten zu haben, von dem die Türkei anfangs ihre Mitwirkung gegen Italien abhängig gemacht hatte[107], läßt sich nur so erklären, daß die Türkei das geheime Versprechen Englands, eine Revision des Meerengenregimes zu unterstützen, in der Tasche hatte. Die spätere Entwicklung legt diese Schlußfolgerung jedenfalls nahe, wenn auch Endgültiges darüber vielleicht erst nach Öffnung der diplomatischen Archive zu sagen sein wird.

Weitere Gründe für Englands Umschwenken mögen die Befürchtungen gewesen sein, daß die Türkei im Falle der gänzlichen Ablehnung ihrer Wünsche eigenmächtig Schritte zur Wiederbefestigung der Meerengen tun könnte, daß das bekannte russisch-türkische Bündnis zur Verwirklichung einer Meerengenthese: geöffnet für Rußland, geschlossen für andere! führen könnte und daß deshalb eine Lösung und Neuregelung im Einvernehmen mit der Türkei vorzuziehen sei.

Die erwähnte französische Befürchtung hinsichtlich der Schaffung eines Präzedenzfalles für Deutschland[108] wurde ja dadurch hinfällig, daß Deutschland am 7. März 1936 selbst zur Besetzung der entmilitarisierten Rheinlandzone schritt.

---

[105] Vgl. Graves, S. 22.
[106] Vgl. Hamburger Tageblatt v. 30. Okt. 1935 nach „L'Azione Coloniale".
[107] Jäschke in Osteuropa, S. 451 u. dort angeführte Literatur.
[108] Siehe oben S. 25.

Nachdem so der Boden durch umfangreiche diplomatische Kleinarbeit, insbesondere auch durch die vielen Reisen des türkischen Außenministers Dr. Tewfik Ruschdi Aras[109], gut vorbereitet war, konnte die Türkei am 11. April 1936 an den Völkerbund und die Unterzeichnermächte der Meerengenkonvention mit einer Note[110] herantreten, die die Einberufung einer Konferenz zur Revision des Meerengenstatuts vorschlägt und die Gründe für die türkische Revisionsforderung noch einmal in klassischer Form zusammenfaßt.

Die Antwortnoten der Mächte[111] lauteten sämtlich positiv und erklärten sich grundsätzlich zur Anerkennung der türkischen Forderungen und zur Teilnahme an einer Konferenz bereit.

VI. Die Meerengenverhandlungen in Montreux 1936

Am 22. Juni 1936 konnte die Meerengenkonferenz auf Einladung der Türkei in Montreux zusammentreten. Sämtliche Signatarmächte des Lausanner Meerengenabkommens, einschließlich Jugoslawien und Rußland, waren in Montreux vertreten; nur Italien fehlte, das sich wegen der noch immer aus der Zeit der Völkerbundssanktionen fortbestehenden englischen Mittelmeerbeistandspakte nicht an den Konferenzarbeiten beteiligen wollte. Anfangs erwartete man in Montreux, daß Italien noch im Laufe der Konferenz die Mitarbeit aufnehmen werde, doch erfüllte sich diese Hoffnung nicht. Italien behielt sich vielmehr alle Rechte aus dem Lausanner Meerengenabkommen von 1923 vor.

Die Meerengenkonferenz erhielt durch vier außergewöhnliche Gesichtspunkte ein besonderes Gepräge: erstens wird immer wieder die beispielhafte Korrektheit der Türkei lobend hervorgehoben, die im Gegensatz zu gewissen andern Staaten — gemeint ist Deutschland, das am 7. März kraft eigenen Entschlusses die entmilitarisierte Rheinlandzone besetzte und den Locarnopakt für erloschen erklärte — den Weg der Vertragsrevision im Einvernehmen mit den andern Vertragspartnern gewählt habe. Da dieses vorbildliche Verhalten der Türkei exemplarisch belohnt und der Erfolg eines solchen richtigen Vorgehens unter allen Umständen dargetan werden soll, sind sich die Mächte von vornherein darüber einig, daß die Konferenz keinesfalls scheitern darf.

Zweitens bildet merkwürdigerweise der eigentliche Anlaß der Konferenz, die Forderung der Türkei nach Wiederherstellung ihrer Wehr-

---

[109] Er hat diesen Posten seit 1925 inne!
[110] Vgl. Soc. d. Nat., Journ. off. 1936, S. 504; Zeitschr. f. ausl. öff. R. u. VR. 1936, S. 58; Ankara v. 16. April 1936; Übersetzungen: VBuVR, Mai 1936, S. 158; Hamburger Monatshefte f. ausw. Pol., Mai 1936, S. 152 ff.
[111] Am 16. April antworteten England und Rußland, am 22. Griechenland, am 24. Frankreich und Japan, am 28. Jugoslawien, am 29. Rumänien, am 2. Mai Italien. Nachweis der Antwortnoten in Zeitschr. f. ausl. öff. R. u. VR. a. a. O.

hoheit in den Meerengen, gar nicht den Gegenstand der Verhandlungen. Diese Frage wird vielmehr schon vor Beginn der Verhandlungen als im positiven Sinne erledigt angesehen, und nur die Folgerungen, die daraus für den Schiffsverkehr in den Meerengen im Frieden und im Kriege zu ziehen sind, stehen zur Debatte.

Drittens findet das gerade für derartige Vertragsrevisionen geschaffene Verfahren vor dem Völkerbund nach Art. 19 VBS. keine Anwendung; vielmehr erfolgt die Revision außerhalb und ohne eigentliche Mitwirkung des Völkerbundes.

Viertens ist endlich merkwürdig, daß in Montreux — ebenso wie 1922 in Lausanne — nicht die Türkei als Meerengeneignerin einer geschlossenen Front der Meerengenbenutzer gegenübersteht, sondern daß der Gegensatz England—Rußland die Konferenz durchaus beherrscht und daß die Türkei sich oft abwartend und nahezu desinteressiert verhält.

Am Eröffnungstage der Konferenz legte die Türkei als einladende Macht einen Entwurf für eine neue Meerengenkonvention[112] vor, in dessen Beratung sofort eingetreten wurde.

Hinsichtlich der Freiheit der Handelsschiffahrt sah der Entwurf eine wesentliche Änderung gegenüber der Lausanner Regelung nicht vor; da man sich hierüber einig war, machte dieser Punkt keine Schwierigkeiten.

Verwickelter war das Problem der Durchfahrt fremder Kriegsschiffe durch die Meerengen. Der türkische Entwurf gestattete in Friedenszeiten den Kriegsschiffen (Unterseeboote ausgenommen) zum Zwecke von Höflichkeitsbesuchen freie Durchfahrt bei Tag unter folgenden von der Lausanner Regelung abweichenden Voraussetzungen[113]:

1. Die Kriegsschiffe müssen einen Monat vor der beabsichtigten Durchfahrt auf diplomatischem Wege bei der Türkei angemeldet worden sein. Bei der Einfahrt in die Meerengen ist einer Signalstation Meldung zu machen.
2. Die passierende Flotteneinheit eines Nichtuferstaates darf 14 000 t nicht übersteigen. Dies ist zugleich die Höchsttonnage für fremde Kriegsschiffe im Meerengengebiet überhaupt. Die Flotteneinheit muß die Meerengen in zwei Teilen durchfahren, wenn Teile der türkischen Marmarameerflotte abwesend oder zeitweilig außer Dienst gestellt sind.

---

[112] Siehe Ankara v. 25. Juni 1936; Übersetzung Hamb. Monatshefte f. ausw. Pol., Juli 1936, S. 216.
[113] Art. 6 TE.

3. Im Schwarzen Meer darf die Gesamttonnage der Kriegsfahrzeuge von Nichtuferstaaten 28000 t nicht übersteigen. Ihre Aufenthaltsdauer ist auf zwei Wochen beschränkt.
4. Der Gebrauch von auf den Schiffen befindlichen Flugzeugen ist in den Meerengen verboten.
5. Das unter 1., 2. und 4. Gesagte gilt auch für Kriegsschiffe der Uferstaaten[114]; die einmonatige Voranmeldungspflicht fällt für ihre Fahrt vom Mittelmeer ins Schwarze Meer jedoch fort. Die Uferstaaten können mit türkischer Einwilligung auch Kriegsschiffe bis zu 25000 t einzeln durchfahren lassen.

Für den Kriegsfall schlug der türkische Entwurf folgende Abweichungen von der Lausanner Regelung vor:

1. Bei türkischer Neutralität gilt obige Friedensregelung; die Verpflichtungen der Türkei als Völkerbundsmitglied haben jedoch Vorrang[115].
2. Ist die Türkei kriegführende Macht, so ist die Durchfahrt fremder Kriegsschiffe von einer besonderen Einwilligung der Türkei abhängig[116].

Der Entwurf gab der Türkei alsdann das Recht, auch im Falle drohender Kriegsgefahr die Durchfahrt von einer besonderen Einwilligung abhängig zu machen, mit gleichzeitiger Verpflichtung, Völkerbund und Signatarmächte davon zwecks weiterer Veranlassung zu benachrichtigen[117].

Der Luftraum über den Meerengen ist für jeglichen Flugverkehr gesperrt. Eine Flugverbindung zwischen den Meeren wird von der Türkei auf einer andern Route sichergestellt[118].

Der türkische Entwurf sah eine Vertragsdauer von 15 Jahren mit Abänderungsmöglichkeit nach jeweils fünf Jahren vor[119].

Nach vier Verhandlungstagen, in denen der türkische Entwurf durchberaten wurde, wurde die Konferenz für die Dauer der Völkerbundstagung in Genf unterbrochen; inzwischen sollen die Ausschüsse die ihnen überwiesenen Einzelfragen prüfen. Auf diesem ersten Teil der Konferenz hatten sich bei den Beratungen bereits schwerwiegende Gegensätze gezeigt: Rußland war trotz der im türkischen Entwurf enthaltenen Bevorzugung der Schwarzmeeruferstaaten noch nicht zu-

---

[114] Daß das unter 3. Gesagte nicht für sie gelten kann, ist selbstverständlich.
[115] Art. 7 TE.
[116] Art. 8 TE.
[117] Art. 9 TE.
[118] Art. 11 TE.
[119] Art. 13 TE.

frieden und verlangte größere Bewegungsfreiheit für seine Kriegsflotte; andererseits wollte es die Tonnage für Kriegsschiffe der Nichtuferstaaten noch weiter beschränkt wissen. England wollte dagegen am Grundsatz der Gleichberechtigung der Flaggen festhalten, insbesondere sah es die Gefahr, daß sonst in einem Kriege gegen Rußland eine russische Flotte ins Mittelmeer kommen, dort kriegerische Operationen durchführen und sich alsdann einer feindlichen Verfolgung durch Flucht ins Schwarze Meer, das ihm geöffnet, seinen Feinden jedoch verschlossen wäre, entziehen könnte.

Bei der Wiederaufnahme der Verhandlungen nach zehntägiger Pause am 6. Juli trat die englische Delegation mit einem eigenen Entwurf[120] hervor, der jedoch kein Gegenvorschlag, sondern eine Neufassung des türkischen Entwurfs sein sollte und daher auch mit diesem zusammen beraten wurde. Diese „Neufassung" hat in den wesentlichen Bestimmungen aber doch den Charakter eines Gegenentwurfs.

Der englische Entwurf unterscheidet sich zunächst vor allem dadurch, daß er an der internationalen Meerengenkommission festhält. Weiter enthält er für Friedenszeiten folgende Abänderungen gegenüber dem türkischen Entwurf:

1. Keine Beschränkung der Nichtuferstaaten auf Höflichkeitsbesuche, sondern freie Durchfahrt für Kriegsschiffe aller Flaggen mit Ausnahme von Unterseebooten[121].
2. Die Höchsttonnage für die Gesamtheit der auf der Durchfahrt in den Meerengen befindlichen fremden Kriegsschiffe wird auf die Hälfte der aktiven türkischen Flottentonnage, jedoch nicht unter 15 000 t festgesetzt[122]. In dieser Berechnung werden diejenigen Schiffe, die sich mit Genehmigung der Türkei in einem ihrer Häfen zu Besuch befinden, nicht mitberücksichtigt. Die Türkei darf unbeschränkt Kriegsschiffe zum Besuch ihrer Häfen einladen, doch müssen diese die Meerengen auf demselben Wege wieder verlassen, auf dem sie gekommen sind[123].
3. Die Höchsttonnage für die Gesamtheit der Kriegsschiffe der Nichtuferstaaten im Schwarzen Meer wird auf 30 000 t festgesetzt. Diese Ziffer kann bei Anwachsen der größten Schwarzmeerflotte nach einer gleitenden Skala bis zu 45 000 t erhöht werden. Der Höchstanteil eines einzelnen Nichtuferstaates an dieser Höchsttonnage

---

[120] Ein vollständiger Abdruck liegt dem Verf. nicht vor; die von der Presse gebrachten Auszüge — insbesondere Times und Frankf. Ztg. v. 7. Juli, Völk. Beob. v. 8. Juli 1936 — mußten als Grundlage für die folgende Darstellung dienen.
[121] Art. 9 EE.
[122] Art. 11 EE.
[123] Art. 14 EE.

beträgt ¾. Für sogenannte „humanitäre Zwecke" kann jedoch jeder Nichtuferstaat bis zu 10000 t ins Schwarze Meer entsenden[124].

In Kriegszeiten bei türkischer Neutralität soll dasselbe gelten[125]; doch sollen diese Vorschriften nicht die Rechte der Kriegführenden einschränken. Andererseits sollen die Rechte und Pflichten der Türkei als neutrale Macht ihr nicht die Befugnis geben, Maßnahmen zu treffen, die die freie Durchfahrt hindern könnten[126].

Dem türkischen Entwurf in den Fällen türkischer Kriegführung und drohender Kriegsgefahr folgend, fügt der englische Entwurf für letzteren Fall nur noch hinzu, daß die von der Türkei getroffenen Maßnahmen aufzuheben seien, wenn eine Zweidrittelmehrheit des Völkerbundsrates entscheidet, daß die Maßnahmen nicht gerechtfertigt seien[127].

Der englische Entwurf mildert das absolute Verbot des Überfliegens der Meerengen dadurch, daß der Türkei die Verpflichtung auferlegt wird, im Rahmen ihrer Gesetze eine Flugverbindung für Zivilluftfahrzeuge zwischen dem Mittelmeer und Schwarzen Meer einerseits und zwischen Europa und Asien andererseits zu ermöglichen[128].

Endlich sieht der englische Entwurf eine Geltungsdauer von 50 Jahren sowie eine Abänderungsmöglichkeit nach jeweils fünf Jahren vor, die für gewisse Bestimmungen der Konvention noch besonders erleichtert ist.

Bei der Beratung des englischen Abänderungsentwurfs, also auf dem zweiten Teil der Meerengenkonferenz, trafen die Gegensätze der Beteiligten erst in voller Schärfe aufeinander. Obgleich nach dem Willen aller ein Exempel statuiert und die Konferenz zu einem Ergebnis geführt werden sollte[129], drohte zu wiederholten Malen ein Scheitern der Verhandlung. Der rumänische Delegierte Titulescu verließ die Konferenz, der russische Außenminister Litwinow drohte mit der Abreise seiner Delegation. Die Türkei wurde ungeduldig, und Kemal Atatürk ließ durch die Presse andeuten, daß die Türkei im Falle des Scheiterns der Konferenz sich schließlich doch noch ihr Recht selbst werde nehmen müssen.

Nach Kompromissen in mehreren Einzelfragen konzentrierte sich der englisch-russische Gegensatz auf die schwierigste Frage der Konfe-

---

[124] Art. 15 EE.
[125] Das heißt auch hier wird den Uferstaaten kein Vorrecht eingeräumt; ihre Kriegsschiffe können also nach dem EE auch vom feindlichen Nichtuferstaat ins Schwarze Meer verfolgt werden!
[126] Art. 16 EE.
[127] Art. 18 EE.
[128] Art. 20 EE.
[129] Siehe oben S. 27.

renz: den Kriegsfall bei türkischer Neutralität[130]. Rußland widersprach hier dem Vorschlag des englischen Entwurfs und machte den Gegenvorschlag, die Meerengen überhaupt für Kriegführende mit Ausnahme der im Auftrage des Völkerbundes oder in Ausübung eines gegenseitigen Beistandspaktes Handelnden zu schließen. England wollte sich jedoch einer ausdrücklichen Anerkennung dieses Systems der Beistandspakte — gedacht war in erster Linie an den russisch-französischen Beistandspakt, aber auch an den Balkanpakt, den französisch-rumänischen und den russisch-tschechischen Beistandspakt — entziehen. Durch die Vermittlertätigkeit des französischen Delegierten Paul-Boncour kam schließlich in dieser heikelsten Frage durch das Nachgeben Englands eine Einigung und damit der Vertrag selbst zustande[131].

In seiner Kompliziertheit im Vergleich zur Lausanner Meerengenkonvention und zu den Entwürfen bietet der Vertrag von Montreux ein getreues Abbild von der Schwierigkeit der in Montreux geführten Verhandlungen. Man sieht dem Vertrage an, daß er ein Kompromiß heftig widerstreitender Interessen ist. Wer als Sieger aus den Verhandlungen hervorgegangen ist? Zunächst will es scheinen, als ob die Türkei und Rußland und damit auch das mit letzterem verbündete Frankreich die Sieger seien und England unterlegen und geschwächt in seiner Mittelmeerstellung die Meerengenkonferenz verlassen mußte. Wie weit dies richtig ist, wird im Anschluß an die genaue Prüfung der heutigen Rechtslage auf Grund des Vertrages von Montreux noch zu untersuchen sein.

Zweiter Abschnitt

Die heutige Rechtslage auf Grund des Vertrages von Montreux

I. Allgemeines

Das Vertragswerk von Montreux, dessen Unterzeichnung am 20. Juli 1936 erfolgte, umfaßt die eigentliche „Convention concernant le régime des Détroits" nebst Präambel und vier Annexen sowie einem „Protocole spécial"[1]. Die Signatarmächte sind England, Frankreich, Ruß-

---

[130] Art. 16 EE.

[131] Die Kölnische Zeitung v. 18. August 1936 meint, daß wahrscheinlich das deutsch-österreichische Abkommen v. 11. Juli 1936 das Nachgeben Englands gefördert habe, weil es fürchtete, daß Deutschland sich über Österreich dem englischen Gegner Italien nähern werde. Vgl. näheres dort.

[1] Das Vertragswerk ist noch nicht vollständig abgedruckt. Le Temps v. 20. Juli 1936 veröffentlicht das eigentliche Abkommen nebst Annex I, II und IV, aber ohne

land, Japan, Griechenland, Bulgarien, Rumänien, Jugoslawien und die Türkei. Von den Signatarmächten der Lausanner Meerengenkonvention fehlt nur Italien; ihm ist als Unterzeichner des Lausanner Friedensvertrages[2] der Beitritt zum neuen Meerengenabkommen offengehalten, jedoch erst vom Inkrafttreten des Abkommens an[3]. Andern Mächten ist im Gegensatz zum Lausanner Abkommen[4] nicht die Möglichkeit des Beitritts gegeben[5]. Der Vertrag von Montreux ist also nicht wie Lausanne absolut, sondern nur relativ zum Beitritt offen.

Der Vertrag tritt in Kraft mit dem Tage, an dem mindestens sechs Ratifikationsurkunden, unter denen sich die türkische befinden muß, bei der französischen Regierung hinterlegt sind und über die Hinterlegung ein Protokoll aufgenommen worden ist[6]. Bisher[7] haben erst die Türkei (31. Juli 1936), Rußland (1. August 1936) und Bulgarien (4. August 1936) das Meerengenabkommen ratifiziert.

Auf Grund des Protocole spécial ist die Türkei jedoch ohne Rücksicht auf den Fortschritt der Ratifikationen ermächtigt, die Meerengenkonvention von Montreux schon vom 15. August 1936 an vorläufig anzuwenden[8]. Die Türkei hat von dieser Ermächtigung Gebrauch gemacht und die beteiligten Mächte auf diplomatischem Wege noch einmal von der bevorstehenden Anwendung der neuen Bestimmungen unterrichtet[9].

Das Meerengenabkommen hat, gerechnet vom Tage seines Inkrafttretens, zunächst eine Geltungsdauer von zwanzig Jahren[10] und bleibt, wenn es nicht zwei Jahre vorher gekündigt wird, weiter in Kraft bis zum Ablauf einer Frist von zwei Jahren seit einer nach Ablauf der

Präambel und Protocole spécial. Ankara v. 23. Juli 1936 bringt den Vertragstext nebst Präambel und Protocole spécial, aber ohne Annexe. Annex III liegt dem Verf. daher im Wortlaut noch nicht vor.

[2] Es wird hier nicht auf das Lausanner Meerengenabkommen, sondern auf den Lausanner Friedensvertrag abgestellt! Das ist praktisch gleichgültig, da von den Unterzeichnern beider Verträge nur Italien in Montreux fehlte; doch wird durch das Abstellen auf den LFV richtig der Verknüpfung der beiden Verträge, wie sie schon in Art. 23 II LFV und in Art. 20 LMA zum Ausdruck kommt, Rechnung getragen.

[3] Art. 27 MV.

[4] Art. 19 LMA.

[5] Allerdings ist auch von den Beitrittsmöglichkeiten des LMA. nie Gebrauch gemacht worden!

[6] Art. 26 MV; anstatt der japanischen Ratifikationsurkunde genügt zunächst die förmliche Mitteilung des japanischen diplomatischen Vertreters in Paris an die französische Regierung, daß die Ratifikation erfolgt sei. Vgl. Art. 26 III, IV MV.

[7] 21. September 1936.

[8] Über die ebenfalls im Protocole spécial enthaltene Ermächtigung, die Meerengen sofort zu befestigen, siehe unten S. 38.

[9] Vgl. Le Temps v. 7. August 1936.

[10] Das LMA war auf unbeschränkte Zeit geschlossen, der TE sah eine 15jährige, der EE eine 50jährige Geltungsdauer vor.

ersten zwanzig Jahre jederzeit zulässigen Kündigung[11]. Eine Revision der Vertragsbestimmungen kann nach Ablauf von jeweils fünf Jahren seit Inkrafttreten des Vertrages erfolgen. Ein Abänderungsvorschlag muß von drei Mächten unterzeichnet, mit Gründen versehen und drei Monate vor Ablauf der Fünfjahresperiode mitgeteilt sein[12]. Für gewisse Bestimmungen[13], die Höchsttonnagen, Höchstsätze für Abgaben und ähnliches festsetzen, ist eine erleichterte Revisionsmöglichkeit vorgesehen. Der Abänderungsvorschlag braucht nur von zwei Vertragsmächten unterzeichnet zu sein, und zur Annahme der Abänderung ist nicht wie sonst Einstimmigkeit, sondern nur Dreiviertelmehrheit erforderlich, die aber auch die Dreiviertelmehrheit der Schwarzmeeruferstaaten, darunter jedenfalls die Stimme der Türkei, enthalten muß[14].

Im Falle der Kündigung des Vertrages wie im Falle eines Revisionsbegehrens sind die Vertragsmächte verpflichtet, eine Konferenz zu beschicken zum Zwecke der Verhandlung eines neuen Vertrages bzw. des Abänderungsvorschlags, falls dieser nicht schon auf diplomatischem Wege erledigt werden kann[15], [16].

II. Präambel und negative Regelung des Montreuxvertrages

In der Präambel der neuen Convention concernant le régime des Détroits heißt es:

„... Animés du désir de régler le passage et la navigation dans le Détroit des Dardanelles, la mer de Marmara et le Bosphore, compris sous la dénomination générale de ‚Détroits‘, de manière à sauvegarder dans le cadre de la sécurité de la Turquie et de la sécurité dans la mer Noire des États riverains, le principe consacré par l'article 23 du traité de paix signé à Lausanne le 24 juillet 1923, ont résolu de substituer la présente convention à la convention signé à Lausanne le 24 juillet 1923...[17]"

Daraus ergibt sich scheinbar, daß zwar dies neue Abkommen an die Stelle des Lausanner Meerengenabkommens treten, daß aber der Lau-

---

[11] Art. 28, I, III MV.
[12] Art. 29 I—III MV.
[13] Art. 14, 18, Annex I MV; bei der Einzelbehandlung dieser Bestimmungen wird darauf hingewiesen werden.
[14] Art. 29 II, V und VI MV.
[15] Art. 28 III, 29 IV MV.
[16] Hinsichtlich weiterer Einzelheiten, insbesondere über Benachrichtigungen im Ratifikationsverfahren und sonstige Bekanntmachungen, wird auf den Vertrag selbst verwiesen.
[17] Zit. nach Ankara v. 23. Juli 1936.

sanner Friedensvertrag selbst durch die Neuregelung nicht berührt werden soll. Insbesondere soll offenbar Art. 23 LFV seine volle Gültigkeit behalten. Nun heißt es aber dort:

„Les Hautes Parties contractantes sont d'accord pour reconnaitre et déclarer le principe de la liberté de passage et de navigation, par mer et dans les airs, en temps de paix comme en temps de guerre..."

Diesem Grundsatz entspricht die im Montreuxvertrage selbst getroffene Regelung allerdings nicht vollständig. Mag man auch der Ansicht sein, daß der Grundsatz der Durchfahrtsfreiheit für Kriegsschiffe noch — wenn auch nur mit Mühe — aufrechterhalten sei[18] und daß es sich bei dem Passageverbot für größere Kriegsschiffe nur um eine Ausnahme von dem deshalb doch noch gültigen Grundsatz der Durchfahrtsfreiheit handele, so kann man von einer Freiheit der Luftschiffahrt mit dem besten Willen nicht sprechen, denn militärischen Luftfahrzeugen ist das Überfliegen gänzlich verboten, und auch für Zivilflugzeuge ist das Meerengengebiet grundsätzlich Sperrgebiet, und die Flugverbindung ist zwischen den durch die Meerengen getrennten Meeren und Erdteilen überhaupt nur in engen Grenzen sichergestellt[19]. Infolgedessen heißt es in Art. 1 des Montreuxabkommens abweichend von Art. 23 LFV auch nur:

„Les hautes parties contractantes reconnaissent et affirment le principe de la liberté de passage et de navigation par mer dans les Détroits",

während Art. 1 LMA, dem Art. 23 LFV folgend, von der Freiheit „par mer et dans les airs" sprach.

Diese Diskrepanz zwischen der positiven Regelung des Montreuxvertrages und dem Art 23 LFV, der dem Montreuxvertrag zugrunde liegen soll und dessen Fortgeltung besonders hervorgehoben wird, ist zu auffällig, als daß sie nicht von den in Montreux versammelten Delegationen bemerkt worden sein sollte[20]. Nur der allseitige Wunsch, keinesfalls den Eindruck zu erwecken, als ob es sich bei der Revision des Meerengenregimes um die Einleitung einer allgemeinen Revision der Friedensverträge handele, kann dies starre Festhalten an dem innerlich nicht mehr zutreffenden Art. 23 LFV erklären. Irgendwelche Schlußfolgerungen — etwa in der Art, daß der Verkehr von Militärflugzeugen, die im Montreuxvertrag nicht besonders erwähnt sind, noch völlig frei sei — können aus dem in Art. 23 LFV niedergelegten Grundsatz keinesfalls mehr gezogen werden.

Im übrigen ist die Verknüpfung des Lausanner Friedensvertrages

---

[18] Art. 10 MV.
[19] Einzelheiten siehe Art. 23 MV und unten S. 66 ff. unter B.
[20] Schon der TE enthielt diese Diskrepanz.

und des Meerengenabkommens von Montreux durchaus wirksam, und dieser ist heute als integrierender Bestandteil von jenem anzusehen [21].

Ist es nun aber rechtlich möglich, ein ganz neues Meerengenabkommen an die Stelle des bisherigen zu setzen und damit sogar auch noch den Lausanner Friedensvertrag in einem wesentlichen Punkt — wie eben gezeigt wurde — zu verändern, ohne daß Italien als Signatarmacht beider Verträge an der Revision mitwirkte? Welche Bedeutung haben Italiens Vorbehalte bezüglich seiner Rechte aus den Lausanner Verträgen?

Sicher gilt auch im Völkerrecht der Grundsatz, daß Verträge im allgemeinen nicht einseitig aufgehoben oder abgeändert werden können, sondern daß die Aufhebung oder Abänderung nur im Einvernehmen mit den Vertragsparteien erfolgen kann. Da die Einwilligung Italiens fehlt, würde sich, streng theoretisch betrachtet, folgendes Bild ergeben: Der neue Vertrag von Montreux wirkt nur zwischen den Kontrahenten; gegenüber Italien besteht das Lausanner Meerengenabkommen unverändert fort; es behält seine Rechte aus diesem Vertrage in vollem Umfang; Verpflichtungen können ihm durch den Montreuxvertrag nicht auferlegt werden, da es nicht Vertragspartei ist und es Verträge zu Lasten Dritter nicht gibt, insbesondere wenn dieser Dritte rechtzeitig Vorbehalte macht [22].

Dieses Ergebnis ist praktisch völlig unbrauchbar. Wie sollte zum Beispiel die Meerengenkommission, die Entmilitarisierung oder die Garantie, die durch den Montreuxvertrag beseitigt sind, „im Verhältnis zu Italien" noch aufrechterhalten werden? Sollte Italien noch seine Schiffe nach den Lausanner Durchfahrtsbestimmungen durch die Meerengen schicken können, während die ganze Welt, nämlich nicht nur die Montreuxmächte, sondern auch all die an den Meerengenverträgen nicht beteiligten Meerengenbenutzer, sich nach den neuen Durchfahrtsbestimmungen richten müssen?

Dieses unhaltbare Ergebnis kann mit der Bezugnahme auf die clausula rebus sic stantibus korrigiert werden, die das Lausanner Abkommen, soweit es Italien gegenüber formell noch besteht, außer Kraft setzen kann. Diese Klausel gestattet unter gewissen Voraussetzungen die einseitige Aufhebung eines Vertrages, wenn nämlich die jenem Vertrage zugrunde liegenden Umstände sich so sehr verändert haben, daß einer Vertragspartei die Erfüllung des Vertrages nicht mehr zugemutet werden kann. Allerdings ist erforderlich, daß von der Partei, die sich auf diese Klausel berufen will, zunächst der Versuch einer gütlichen Einigung gemacht worden ist [23].

---

[21] Art. 23 II LFV.
[22] Vgl. Vanselow, S. 48.
[23] Vgl. Vanselow, S. 48.

Bei einer verständigen Würdigung der Gründe für das türkische Revisionsverlangen muß man nun zu dem Ergebnis kommen, daß der Türkei ein längeres Festhalten am Lausanner Meerengenabkommen mit seinen die türkische Sicherheit gefährdenden Entmilitarisierungsbestimmungen nicht mehr zugemutet werden konnte. Wäre der Versuch einer gütlichen Einigung, den die Türkei korrekterweise unternahm und den sie unternehmen mußte, wenn sie sich etwa später auf die clausula rebus sic stantibus berufen wollte, gescheitert, so hätte man ihr sicherlich die Befugnis, das Lausanner Meerengenabkommen auf Grund der clausula rebus sic stantibus einseitig aufzuheben, zubilligen müssen[24]. Gegenüber den Vertragsmächten von Montreux war die Bezugnahme auf die clausula rebus sic stantibus nicht nötig, da es zur gütlichen Einigung kam. Das schließt aber die Anwendung dieser Klausel gegenüber Italien nicht aus, denn hier kam es ja nicht zu einer Einigung!

Falls Italien also auf Grund seiner Vorbehalte Ansprüche aus dem Lausanner Meerengenabkommen geltend machen sollte, so kann die Türkei sich auf die erwähnte Klausel berufen und damit alle Ansprüche Italiens zunichte machen, da der Vertrag damit erlischt. Italien hat dann die Rechtsstellung wie all die andern am Montreuxvertrag nicht beteiligten Mächte, das heißt, da alle Schiffe in den Meerengen ohne Rücksicht auf die Flagge gleich behandelt werden sollen, im wesentlichen die gleiche Rechtsstellung wie die Vertragsmächte von Montreux selbst.

Die Vorbehalte Italiens, die es gegenüber dem neuen Meerengenabkommen machte, können ihm also gegen den Willen der Türkei seine alte Rechtsstellung nicht erhalten. Viel wahrscheinlicher, als daß Italien es auf einen Versuch, seine früheren Rechte geltend zu machen, ankommen läßt, ist, daß es von der ihm gegebenen Möglichkeit des Beitritts zum Montreuxvertrage Gebrauch macht[25], und damit die etwas schiefe Lage, in die es durch die Nichtbeteiligung an den Verhandlungen in Montreux gekommen ist, baldmöglichst behebt.

Die Präambel zum Montreuxvertrag ist aber auch noch insofern von besonderer Tragweite, als sie die in Montreux getroffene Neuregelung in vollem Umfange an die Stelle des Lausanner Meerengenabkommens treten läßt und nicht nur die im Annex zu Art 2 des LMA enthaltenen Durchfahrtsbestimmungen neu festsetzen will. Denn nun muß angenommen werden, daß grundsätzlich alle Bestimmungen, die im Lausanner Abkommen vorhanden waren, im Montreuxvertrag aber

---

[24] Das war auch die allgemeine Anschauung der Konferenz, die diese Möglichkeit erkannte und unter allen Umständen vermeiden wollte, siehe oben S. 27 und S. 31.
[25] Der Beitritt ist erst nach Inkrafttreten des Vertrages möglich! Siehe oben S. 33.

fehlen, auch inhaltlich nicht mehr gelten sollen [26]. Auf diese Weise — das heißt fast ohne ein Wort der Erwähnung — sind die wichtigsten Änderungen im Regime der türkischen Meerengen vorgenommen worden. Wir können diese Regelung eine „negative" nennen, im Gegensatz zur ausdrücklichen, „positiven" Regelung des Montreuxvertrages, die fast nur Durchfahrtsbestimmungen enthält.

So sind zunächst — dem eigentlichen Zweck, den die Türkei mit dieser Revisionskonferenz zu erreichen suchte, entsprechend — die gesamten Entmilitarisierungsbestimmungen des Lausanner Meerengenabkommens hinfällig geworden; fast wortlos mit der Ausnahme einer kurzen beiläufigen Erwähnung in Art. 23 II, wo es heißt: „nonobstant la rémilitarisation des Détroits".

Das Protocole spécial ermächtigt nun die Türkei, nicht erst vom Inkrafttreten des Montreuxvertrages oder vom 15. August 1936 an, sondern schon sofort nach Unterzeichnung des Vertrages, die Meerengen zu befestigen. Eine Bestimmung über die Wiederbefestigung, soweit sie vor dem endgültigen Inkrafttreten des Vertrages erlaubt sein sollte, war erforderlich, da es mindestens zweifelhaft gewesen wäre, ob die Ermächtigung der Türkei, den Montreuxvertrag vorläufig anzuwenden, auch die Ermächtigung zur Befestigung umfaßt hätte. Die Frage wäre meines Erachtens wohl zu verneinen gewesen.

Noch am Tage der Unterzeichnung des Montreuxvertrages marschierten die türkischen Truppen in die bis dahin entmilitarisierten Zonen am Bosporus und an den Dardanellen ein. Die Ufer der Meerengen wurden alsbald zum militärischen Gebiet erklärt und für Ausländer gesperrt; die Befestigungsarbeiten wurden sofort in Angriff genommen. Das eigentliche Ziel der langjährigen türkischen Außenpolitik war damit erreicht.

Mit dem Ende der Entmilitarisierung ist aber nicht zugleich das Ende der Neutralisation oder besser „Befriedung" [27] der Meerengen eingetreten. Während die Entmilitarisierung eine vorbeugende Maßnahme war, die Konflikte vermeiden sollte und daher auch nur im Frieden galt, dagegen im Kriegsfall suspendiert war [28], so betrifft die Befriedung gerade den Kriegsfall und soll hier das befriedete Gebiet vom Kriegsschauplatz ausschließen. Dieses Ziel wurde unter dem Lausanner Régime dadurch zu erreichen gesucht, daß den Kriegsschiffen der Kriegführenden zwar nicht die Durchfahrt selbst, wohl aber jeder feindselige Akt in den Meerengen verboten wurde [29] (sogenannte positive

---

[26] Ausnahmen von diesem Grundsatz, die die Vermutung gegen sich haben und daher des Beweises bedürfen, siehe unten S. 44, 47, 55.
[27] Vgl. Liszt-Fleischmann, S. 466; Strupp, GVR, S. 46.
[28] Siehe oben S. 21.
[29] Annex § 2b LMA.

Neutralisation)³⁰. Der Vertrag von Montreux hebt diese Befriedung durchaus nicht auf, sondern gibt ihr im Gegenteil einen stärkeren Grad der Wirksamkeit, indem er die Kriegsschiffe Kriegführender überhaupt von der Benutzung der Meerengen ausschließt³¹ (sogenannte negative Neutralisation)³², und so am nachdrücklichsten verhindert, daß die Meerengen Kriegsschauplatz werden. Allerdings sind unter gewissen Umständen³³ die Meerengen ausnahmsweise für Kriegsschiffe kriegführender Staaten geöffnet, für sie gilt dann aber immer noch das Verbot feindseliger Akte (positive Neutralisation)³⁴. In allen Fällen allerdings, in denen die Türkei selbst kriegführende Macht ist, können die Meerengen auch Kriegsschauplatz sein; soweit reicht die Befriedung hier nicht. Das ergibt sich — abgesehen davon, daß nur in Art. 19, nicht auch in Art. 20 das Passageverbot für Kriegführende ausgesprochen ist — schon aus dem Grundsatz der Gleichheit der kriegführenden Parteien, denen es nicht entsprechen würde, wenn ein Gebiet der kriegführenden Türkei für ihre Feinde grundsätzlich gesperrt wäre³⁵.

Mit dem Lausanner Meerengenabkommen ist auch — und zwar ebenfalls auf jene fast wortlose Weise — die internationale Meerengenkommission beseitigt worden³⁶. Es heißt nur in Art. 24 I MV: Ihre Befugnisse gehen auf die türkische Regierung über. — Die Abwicklung der Geschäfte der Commission des Détroits ist, den Times³⁷ zufolge, bis zum 1. Oktober 1936 vorgesehen. Damit hat dann ein Völkerrechtssubjekt³⁸ aufgehört zu bestehen.

Die Aufgaben, die der Türkei im Zusammenhang damit zufallen³⁹, sind im wesentlichen die gleichen, die schon die Commission des Détroits hatte⁴⁰: Die Türkei hat über die Beachtung der Durchfahrtsbestimmungen für Kriegsschiffe zu wachen; sie hat die bevorstehende Durchfahrt fremder Seestreitkräfte, sobald sie ihr gemäß Art. 13 MV gemeldet ist, den diplomatischen Vertretern der Vertragsmächte in Angora mit genauen Einzelangaben mitzuteilen; sie hat dem Völkerbundsekretär und den Vertragsmächten einen jährlichen Bericht mit Angaben über

---

³⁰ Vgl. Strupp, WdV II S. 117, 119, 123.
³¹ Art. 19 II MV.
³² Vgl. Strupp, WdV a. a. O.
³³ Art. 19 II MV; vgl. im einzelnen unten S. 56 ff..
³⁴ Art. 19 V MV.
³⁵ So auch schon unter dem Lausanner Régime; vgl. Linn, S. 40.
³⁶ Der EE dagegen wollte an der Meerengenkommission festhalten! Siehe oben S. 30.
³⁷ Vom 4. August 1936.
³⁸ Vgl. Strupp, GPV S. 23.
³⁹ Art. 24 II—V MV.
⁴⁰ Vgl. Art. 15, 16 LMA.

die Schiffsbewegungen fremder Kriegsschiffe in den Meerengen sowie mit zweckdienlichen Handels- und Schiffahrtsnachrichten einzureichen; schließlich ist die türkische Regierung verpflichtet, Statistiken zu führen, über die Anwendung der Ausnahmevorschriften für Uferstaaten [41] zu berichten, die alljährlich am 1. Januar und 1. Juli gemeldeten Flottenstärken der Schwarzmeerflotten an die Vertragsmächte und den Generalsekretär des Völkerbundes weiterzuleiten [42] und gegebenenfalls den Uferstaaten des Schwarzen Meeres von einer Anfrage von Nichtuferstaaten, Kriegsschiffe zu humanitären Zwecken über die zulässige Höchsttonnage hinaus ins Schwarze Meer zu schicken, Kenntnis zu geben [43].

Außer der Entmilitarisierung und der internationalen Kontrolle fällt als weiterer wesentlicher Faktor im bis dahin gültigen System der Internationalisierung der Meerengen auch die Garantie der Mächte auf Grund des Art. 18 LMA fort, ohne je während der 13 jährigen Herrschaft des Lausanner Meerengenabkommens zur Anwendung gekommen zu sein. Die Garantie muß, soweit sie den Schutz türkischen Gebietes bezweckt [44], auch als bereits am 20. Juli 1936 beendet angesehen werden, wenn auch im Protocole spécial eine entsprechende Bestimmung fehlt. Denn ein Grund dafür, diese Seite der Garantie über die Entmilitarisierung hinaus auszudehnen, besteht für die Mächte nicht, da die Türkei von der Besetzung und Befestigung der Meerengen an selbst in der Lage ist, die Sicherheit ihres Gebietes und insbesondere Konstantinopels zu gewährleisten [45].

Soweit die Garantie des Art. 18 LMA den Schutz der freien Durchfahrt betrifft, kann sie erst als am 15. August 1936 überflüssig angesehen werden, da erst von diesem Tage an die Türkei die Beobachtung der Durchfahrtsregeln zu überwachen hat und sie infolgedessen auch nicht eher die Befolgung durch die Benutzer erzwingen kann. Eine Verletzung der Durchfahrtsbestimmungen von Montreux zu verhindern — gegebenenfalls mit Waffengewalt —, muß nämlich seit dem 15. August 1936 als Pflicht der Türkei angesehen werden. Sie ist im Gegensatz zu früher, wo es im Lausanner Meerengenabkommen ausdrücklich hieß [46]:

„Aucune responsabilité n'incombera à la Turquie en ce qui concerne le nombre des bâtiments qui traversent les Détroits."

---

[41] Art. 11, 12, 14 MV.
[42] Art. 18 b MV.
[43] Art. 18 b MV. Siehe auch unten S. 53.
[44] Vgl. oben S. 21.
[45] Die allgemeine Garantie der Unversehrtheit des Gebietes, die die Türkei wie jedes Völkerbundsmitglied nach Art. 10 VBS genießt, wird natürlich durch den Fortfall der Garantie des Art. 18 LMA nicht berührt.
[46] Annnex § 2 a II LMA.

heute den anderen Vertragsparteien durchaus verantwortlich dafür, daß die Durchfahrtsregeln nicht verletzt werden, daß also nicht mehr und nicht größere Schiffe passieren, als es der Montreuxvertrag erlaubt, und daß diejenigen Schiffe, die passieren dürfen, nicht an der Durchfahrt gehindert werden. Natürlich können auch die andern Mächte im Falle einer Verletzung der Durchfahrtsregeln gegen den verletzenden Vertragspartner, also gegebenenfalls auch gegen die Türkei vorgehen[47]; das ergibt sich aber aus dem Vertragsrecht ohne weiteres. Von einer Garantie der Mächte kann man daher, insbesondere da überhaupt eine Pflicht zum Eingreifen nicht besteht, nicht mehr sprechen.

Von dem Lausanner System der „Freiheit der türkischen Meerengen" ist nach dem Fortfall der drei grundlegenden Institutionen der Entmilitarisierung, der internationalen Kontrolle und der Mächtegarantie nicht mehr viel übriggeblieben. Trotzdem ist an dem Charakter der Meerengen als einer internationalisierten Wasserstraße auch heute nicht zu zweifeln. Das Wesen der Internationalisierung ist, wenn auch der Begriff noch schillert und in verschiedenen Bedeutungen gebraucht wird[48], richtigerweise doch nur in dem Zustand der vertraglichen Öffnung für den friedlichen Gebrauch aller oder vieler Staaten zu sehen[49], ohne daß weitere Kriterien, wie etwa internationale Kontrolle, hinzukommen müßten. Es ist demnach auch kein innerer Widerspruch[50], die „internationalisierten" Meerengen unter „national"-türkischen Schutz zu stellen, wie es durch das Meerengenabkommen von Montreux geschehen ist. Die Internationalisierung ist dadurch nur von gewissen sichernden und verstärkenden Beigaben befreit worden, die das Mißtrauen der Benutzer der internationalisierten Wasserstraße gegenüber dem eigentlichen Souveränitätsträger ausdrücken und deshalb als Diskriminierung aufgefaßt werden können und von der Türkei stets als solche aufgefaßt wurden.

III. Die positive Regelung des Montreuxvertrages

Nachdem auf die erwähnte „stillschweigende" Weise Entmilitarisierung, Kontrolle und Garantie beseitigt worden sind, bleibt der neuen Convention concernant le régime des Détroits als Aufgabe fast nur noch die Regelung der Durchfahrt selbst übrig. Allein diesem Zweck sind die 29 Artikel und 4 Annexe des Meerengenabkommens von Mon-

---

[47] Die Möglichkeit einer Intervention ist also nach wie vor gegeben.
[48] So überschreibt Rougier die Absätze seiner Abhandlung, die von der internationalen Kontrolle handeln, mit „Internationalisation" und setzt damit diese beiden Begriffe einander gleich; siehe S. 325, 329.
[49] Ähnlich auch Oppenheim, S. 147 Anm. 2.
[50] Als solchen stellt es das Berliner Tageblatt v. 13. April 1933 dar.

treux gewidmet, während diese Frage im Lausanner Abkommen in den 6 Paragraphen des Annexes zu Art. 2 LMA behandelt wurde. Rein äußerlich ist also schon zu erkennen, wieviel mehr ins einzelne gehend und wieviel komplizierter die Neuregelung von Montreux im Vergleich zur Lausanner Durchfahrtsregelung ist. Der Grund für diese eingehende und genaue Umschreibung der Rechte und Pflichten aller Beteiligten ist einmal der Wunsch der Mächte, sich gegen etwaige Eigenmächtigkeiten der von keiner Kontrollinstanz beaufsichtigten türkischen Meerengenverwaltung zu sichern, zum andern aber der englisch-russische Interessengegensatz, der nur durch einen derartig verklausulierten Kompromiß überbrückt werden konnte.

Die doppelte Dreiteilung, die der Lausanner Durchfahrtsregelung zugrunde lag — nämlich zunächst die Einteilung in Handelsschiffe und Kriegsschiffe, dann diese jeweils in Friedenszeiten, in Kriegszeiten bei türkischer Neutralität und in Kriegszeiten bei kriegführender Türkei —, ist in Montreux zwar der Ausgangspunkt geblieben, aber in mehrfacher Hinsicht durchbrochen worden. Einmal sind die Flugzeuge, die in Lausanne als Zivilflugzeuge den Handelsschiffen und als Militärflugzeuge den Kriegsschiffen gleichgestellt wurden, jetzt ganz herausgenommen und gesondert, jedoch ohne sämtliche Unterteilungen behandelt worden. Dann werden die Brennstofftransportschiffe der Kriegsmarine teils wie Handelsschiffe, teils wie Kriegsschiffe behandelt. Schließlich ist der Zustand drohender Kriegsgefahr, der bisher als Rechtsbegriff unbekannt war und unter die Fälle fiel, in denen sich die Türkei im Frieden befand, selbständig neben die drei andern Unterteilungen gestellt und der Kriegsregelung im Falle eines türkischen Krieges angenähert worden. Dem Aufbau der folgenden Untersuchung der Durchfahrtsbestimmungen, der ja im wesentlichen durch die Einteilung im Montreuxvertrage selbst vorherbestimmt ist, muß daher die Einfachheit und Übersichtlichkeit, wie sie eine Darstellung der Lausanner Bestimmungen leicht aufzuweisen vermag, oft fehlen, und gelegentliche Verweisungen werden wie im Montreuxvertrage selbst notwendig, wenn Wiederholungen vermieden werden sollen.

A. Der Schiffsverkehr

Der gesamte Verkehr zu Wasser[51] steht unter dem Zeichen der Freiheit der Durchfahrt und der Schiffahrt in den Meerengen. Dieser Grundsatz steht an der Spitze des Montreuxabkommens[52], seine Geltung ist unbeschränkt durch die Geltungsdauer des Meerengenvertrages[53].

---

[51] Nicht auch in der Luft! Siehe oben S. 35.
[52] Art. 1 MV.
[53] Art. 28 II MV.

Diese Freiheit gilt grundsätzlich sowohl für Handelsschiffe wie für Kriegsschiffe; allerdings sind für letztere gewisse Einschränkungen gemacht. Die Unterscheidung ist daher wichtig. Während das Lausanner Abkommen positiv aufzählte, was es als Handelsschiffe, was als Kriegsschiffe ansehen wollte, verweist der Montreuxvertrag[54] zur Definition der Kriegsschiffe auf einen dem Londoner Flottenvertrag vom 25. März 1936[55] entnommenen Annex II. Alle Schiffe, die nicht im Annex II aufgezählt sind, wo die Kriegsschiffsklassen nach Tonnage, Anzahl und Kaliber der Bestückung definiert sind, gelten als Handelsschiffe im Sinne des Montreuxvertrages[56, 57].

1. Handelsschiffe

a) In Friedenszeiten genießen die Handelsschiffe völlige Freiheit der Durchfahrt und Schiffahrt in den Meerengen, bei Tag wie bei Nacht, ohne Ansehung der Flagge und der Ladung[58]. Dieser Satz ist keine neue Errungenschaft des Montreuxvertrages, auch nicht des Lausanner Meerengenabkommens, sondern er gilt schon seit 1774 für Rußland, dem die andern Seemächte bald folgten, zuletzt Preußen 1806[59].

Die Lasten und Abgaben, die von den türkischen Behörden für durchfahrende Schiffe erhoben werden dürfen, sind in einem Annex I limitativ aufgezählt. Für die einzelnen Abgaben sind Höchstbeträge pro Tonne festgesetzt. Für diese Bestimmungen, die allzu leicht durch zukünftige wirtschaftliche oder finanzielle Ereignisse und Veränderungen überholt und nicht mehr passend werden können, ist eine erleichterte Revision vorgesehen[60], jedoch nur hinsichtlich der Zahl der die Revision vorschlagenden Mächte[61]; für die Annahme der Abänderung ist Einstimmigkeit erforderlich, da der Annex I bei der Erleichterungsbestimmung, daß Dreiviertelmehrheit genügen soll[62], nicht genannt ist.

Auch die Formalitäten, denen die Handelsschiffe im Frieden unterworfen werden dürfen, sind vertraglich beschränkt: Sie bestehen ein-

---

[54] Art. 8 MV.
[55] Vertragspartner sind: England, Frankreich, USA., neuerdings auch Rußland.
[56] Art. 7 MV.
[57] Die Übereinstimmung mit der Klassifizierung des Londoner Flottenvertrages ist ein bemerkenswerter und erfreulicher weiterer Schritt zur Vereinheitlichung der Terminologie.
[58] Art. 2 MV.
[59] Vgl. de Visscher, 1923, S. 539; Topf, S. 36.
[60] Siehe oben S. 33.
[61] Art. 29 II MV.
[62] Art. 29 V MV.

mal in der Abgabe einer Erklärung bei der Einfahrt in die Meerengen über Name, Nationalität, Tonnage, Bestimmungs- und Herkunftshafen des Schiffes, die der Erleichterung der Abgabenerhebung dient[63]; zum andern sind es Formalitäten, die eine Sanitätskontrolle zur Verhinderung der Verseuchung der Meerengen ermöglichen. Es ist dafür gesorgt, daß die Ausübung der Kontrolle die Schiffahrt so wenig wie möglich behindert[64].

Auch ist ausdrücklich bestimmt, daß die Verwendung von Lotsen oder Schleppern[65] in den Meerengen nicht obligatorisch gemacht werden darf[66].

b) Diese Regelung gilt auch in Kriegszeiten, wenn die Türkei neutral ist[67]. Können nun aber die Rechte und Pflichten der Türkei als neutraler Macht diese ermächtigen, Maßnahmen zu ergreifen, die die freie Schiffahrt hindern? Annex 1b LMA verneinte dies ausdrücklich. Aber auch das Fehlen einer entsprechenden Vorschrift im Montreuxvertrag läßt uns nicht zu einem andern Ergebnis gelangen. Denn durch die eindeutige Fassung des Art. 4 MV wird der Grundsatz der Handelsschiffahrtsfreiheit im Kriege bei türkischer Neutralität abschließend festgestellt. Damit wird die Handhabung der Neutralitätsrechte und -pflichten der Türkei zugleich unter diesen Grundsatz gestellt. Hätte man nun eine Ausnahme vom Grundsatz der Schiffahrtsfreiheit schaffen wollen, so hätte man dies ausdrücklich erwähnen müssen. Die Erwähnung, daß man die Ausnahme nicht schaffen wolle, war — wie auch schon im Lausanner Abkommen — überflüssig und ist daher im Montreuxvertrag mit Recht fortgelassen worden, ohne daß dadurch eine sachliche Änderung gegenüber dem früheren Rechtszustand eintritt.

Der türkische Entwurf[68] betonte in diesem Zusammenhang noch den Vorrang der Verpflichtungen der Türkei aus der Völkerbundsatzung. Dasselbe ergibt sich für den Montreuxvertrag aus Art. 25 MV. An dieser Stelle hat der Vorrang der Völkerbundsatzung die Bedeutung, daß die Türkei gemäß Art. 16 I VBS im Falle wirtschaftlicher Sanktionen gegen einen Friedensbrecher verpflichtet sein kann, dessen Handelsschiffen die Durchfahrt durch die Meerengen zu versagen und gegebenenfalls auch zu verhindern, daß andere Völkerbundsmitglieder mit dem Friedensbrecher Handel treiben. Denn alle Völkerbundsmitglieder sind

---

[63] Art. 2 II MV.
[64] Art. 3 MV; Einzelheiten siehe unten S. 65.
[65] Diese waren in der entsprechenden Vorschrift des LMA (Annex § 1a) nicht genannt!
[66] Art. 2 III MV.
[67] Art. 4 MV.
[68] Art. 3 TE.

diesem gegenüber zum Abbruch aller wirtschaftlichen, diplomatischen, Handels-, Verkehrs- und sonstigen Beziehungen verpflichtet[69].

c) Im Falle, daß die Türkei sich für in **drohender Kriegsgefahr** befindlich halten sollte[70], sind ihr besondere Rechte, die Schiffahrtsfreiheit zu beschränken, gegeben. Da dieser Fall sowohl in Friedenszeiten als auch in einem Kriege, an dem die Türkei nicht beteiligt ist, eintreten kann, so handelt es sich hier um eine vom Vertrag anerkannte Ausnahme von dem unter a) wie unter b) behandelten Rechtszustand.

Die Türkei kann anordnen, daß die Einfahrt in die Meerengen nur bei Tage stattfinden darf, sowie daß die Schiffe eine von den türkischen Behörden angegebene Route in den Meerengen zu nehmen haben[71]. Hier kann auch die Verwendung von Lotsen angeordnet werden, ohne daß hierfür Abgaben erhoben werden dürfen[72].

Wann die Türkei eine drohende Kriegsgefahr annehmen kann, ist an keine objektiven Voraussetzungen geknüpft, sondern kann nach freiem Ermessen von ihr entschieden werden. Allerdings ist die Türkei unter Umständen verpflichtet, diese Einschränkungen der Schiffahrtsfreiheit wieder aufzuheben[73].

Wann das der Fall ist, kann nach dem Wortlaut des Vertrages durchaus streitig sein. Die Aufhebungsverpflichtung ist nicht in Art. 6 niedergelegt, sondern beiläufig in Art. 21 erwähnt, wo von den türkischen Maßnahmen im Falle drohender Kriegsgefahr gegenüber **Kriegsschiffen** die Rede ist. Dort ist ein besonderes Nachprüfungsverfahren durch den Völkerbundsrat vorgesehen. Es heißt dort in Abs. 3 und 4:

„Si le gouvernement turc fait usage de la faculté que lui confère l'alinéa premier ci-dessus[74], il adressera une notification à cet effet aux hautes parties contractantes ainsi qu'au secrétaire général de la Société des nations.

Si le conseil de la Société des nations, par une majorité des deux tiers, décide que les mesures ainsi prises par la Turquie ne sont pas justifiées et si tel est également l'avis de la majorité des hautes parties contractantes signataires de la présente convention, le gou-

---

[69] Art. 16 I VBS.
[70] Das LMA kannte diesen Begriff nicht, sah bei einer Gefahr für die Freiheit der Meerengen jedoch das Wirksamwerden der Garantie der Mächte (Art. 18 LMA) vor; der TE kennt zwar den Begriff, wendet ihn aber nur auf den Kriegsschiffsverkehr an. (Vgl. Art. 9 TE.)
[71] Art. 6 I MV.
[72] Art. 6 II MV.
[73] Art. 21 IV MV.
[74] Das ist die Möglichkeit, im Falle drohender Kriegsgefahr die Meerengendurchfahrt ganz nach eigenem Ermessen zu regeln, gegebenenfalls auch die Meerengen für Kriegsschiffe überhaupt zu sperren, vgl. Art. 21 I, 20 MV.

vernement turc s'engage à rapporter les mesures en question ainsi que celles qui auraient été prises en vertu de l'article 6 de la présente convention."

Besteht danach nun ein selbständiger Aufhebungsanspruch hinsichtlich der auf Grund des Art. 6 getroffenen Maßnahmen der Türkei? Meines Erachtens ist die Frage zu verneinen. Wenn die Türkei glaubt, einer drohenden Kriegsgefahr schon mit den Maßnahmen des Art. 6, insbesondere mit dem Verbot der Nachteinfahrt für Handelsschiffe[75] begegnen zu können, so besteht keine Pflicht der Notifikation an die Mächte und den Generalsekretär des Völkerbundes, — das ergibt sich zweifellos aus dem Wortlaut des Art. 21 III. Aber meines Erachtens ist auch kein Raum für die Anwendung des Abs. 4, das heißt für ein Nachprüfungsverfahren und damit für die Geltendmachung eines Aufhebungsanspruchs, so daß man zu dem Ergebnis gelangen muß, daß eine Aufhebung der Maßnahmen des Art. 6 von den Mächten nur im Zusammenhang mit Maßnahmen auf Grund des Art. 21, nicht jedoch selbständig durchgesetzt werden kann. Daß diese Rechtslage von der Türkei mißbraucht werden könnte, ist offensichtlich, wenn auch nicht wahrscheinlich.

d) Befindet sich die Türkei selbst im Kriege, so genießen die Handelsschiffe derjenigen Staaten, die sich mit der Türkei im Frieden befinden, Durchfahrts- und Schiffahrtsfreiheit, falls sie den Feind der Türkei in keiner Weise unterstützen[76].

Worin eine Unterstützung des Feindes zu sehen ist, sagt das Montreuxabkommen im Gegensatz zum Lausanner Abkommen nicht ausdrücklich. Was die Neutralitätslehre als neutralitätswidrige Unterstützung ansieht, kann nicht der hier in Frage stehenden Unterstützung gleichgesetzt werden, da der Unterstützungsbegriff der Neutralitätslehre sich nur auf Staaten, nicht auf Einzelpersonen oder einzelne Schiffe bezieht[77] und infolgedessen den Staatsangehörigen des neutralen Staates zwangsläufig noch Raum für gewisse unterstützende Betätigung lassen muß, weil der Staat nicht jede private Betätigung kontrollieren und verbieten kann. Hier kommt es aber nicht darauf an, was man dem Heimatstaat des Schiffes vorwerfen kann, sondern hier wird nur gefragt, ob das Verhalten dieses einzelnen Schiffes als Unterstützung des Feindes angesehen werden kann. Als verbotene Unterstützung im Sinne des Art. 5 MV ist jedenfalls — in Übereinstimmung mit der entsprechenden Lausanner Vorschrift[78] — die Beförderung von Konter-

---

[75] Für Kriegsschiffe ist immer Tageseinfahrt vorgeschrieben, vgl. Art. 10 I MV.
[76] Art. 5 I MV.
[77] Vgl. Liszt-Fleischmann, S. 537f.
[78] Annex § 1c LMA.

bande und Truppen, aber auch wohl jeder sonstige Fall der Quasikonterbande[79] anzusehen. Die Beförderung von feindlichen Staatsangehörigen kann man aber wohl nicht schlechthin, wie es das Lausanner Meerengenabkommen tat[80], als verbotene Unterstützung des Feindes ansehen. Die Nichterwähnung dieser Bestimmung im Montreuxvertrag ist wohl ein Indiz für die Absicht, sie auch dem Inhalte nach zu beseitigen.

Die Schiffe der Neutralen dürfen, wenn die Türkei Krieg führt, auch nur bei Tag in die Meerengen einfahren und müssen hier eine von den türkischen Behörden vorgeschriebene Route nehmen[81].

Über das „droit de visite", das das Lausanner Meerengenabkommen[82] der Türkei gegenüber neutralen Schiffen zubilligte, sagt der Montreuxvertrag nichts. Doch muß es auch heute noch der kriegführenden Türkei zustehen, damit sie überhaupt feststellen kann, ob eine vertragswidrige Unterstützung des Feindes vorliegt.

2. Kriegsschiffe

Während die Neuregelung der Handelsschiffahrt in den Meerengen in den wichtigeren Punkten nicht allzusehr von dem Lausanner Régime abweicht, ist die Durchfahrt der Kriegsschiffe sehr viel schwerer wiegenden Veränderungen unterworfen worden.

a) Auch für Kriegsschiffe ist in Friedenszeiten vom Grundsatz der Durchfahrts- und Schiffahrtsfreiheit auszugehen[83]. Dieser Grundsatz ist aber in verschiedener Hinsicht eingeschränkt.

Zunächst wird in den Vorschriften für Kriegsschiffe nur von „liberté de passage", nicht auch von „liberté de navigation" gesprochen[84]. Weitere Einschränkungen sind nach folgenden Gesichtspunkten getroffen:

1. Nur gewisse Schiffsklassen genießen das Recht der freien Durchfahrt.
2. Eine vorherige Anmeldung der Schiffe ist erforderlich.
3. Eine Höchsttonnage für gleichzeitig auf der Durchfahrt in den Meerengen befindliche Seestreitkräfte ist festgesetzt.
4. Eine Höchsttonnage für gleichzeitig im Schwarzen Meer befindliche Seestreitkräfte ist festgesetzt.

---

[79] Vgl. dazu Vanselow, S. 358 ff.
[80] LMA a. a. O. Diese Vorschrift wurde mit Recht als ungewöhnlich und auffällig bezeichnet. Vgl. Strupp, TP S. 84.
[81] Art. 5 II MV.
[82] Annex § 1 c LMA.
[83] Art. 1 MV.
[84] Art. 10 I MV. So auch schon Lausanne: Annex § 2 a I LMA.

Von jeder Einschränkung sind wieder gewisse Ausnahmen vorgesehen, bei denen insbesondere die Unterscheidung in Uferstaaten und Nichtuferstaaten des Schwarzen Meeres eine Rolle spielt. Das Prinzip der Gleichberechtigung aller Flaggen, an dem das Lausanner Meerengenabkommen streng festhielt und das England auch im Montreuxvertrag beachtet wissen wollte, aber nicht durchsetzen konnte, wird hier zugunsten der Uferstaaten mehrfach durchbrochen. Ohne Rücksicht auf die Flagge und ausnahmslos gilt nur das Gebot, bei Tage in die Meerengen einzufahren [85] sowie die Verpflichtung für den Befehlshaber der Seestreitkräfte, bei der Einfahrt einer Signalstation die genaue Zusammensetzung der unter seinem Kommando stehenden Flottenmacht mitzuteilen [86].

1. Die Schiffsklassen, die das Recht der freien Durchfahrt genießen, sind „les bâtiments légers de surface, les petits navires de combat et les navires auxiliaires" [87]; das heißt also, Kampfschiffe mit mehr als 10 000 t oder mit Geschützen von einem größeren Kaliber als 203 mm sind von der Durchfahrt grundsätzlich ausgeschlossen [88], soweit nicht die Art. 11 und 12 MV Ausnahmen zulassen [89].

Beide Artikel sehen Ausnahmen nur für Uferstaaten des Schwarzen Meeres vor. Diese können ihre Linienschiffe ungehindert durch die Meerengen passieren lassen unter der Bedingung, daß die Schiffe einzeln fahren und höchstens von zwei Torpedobooten begleitet werden. Die Tonnagebegrenzung des Art. 14 [90] findet auf diese Linienschiffe keine Anwendung [91]. Von einer Begrenzung auf 25 000 t sowie von einer besonderen Einwilligung der Türkei zur Durchfahrt — beides sah der TE in Art. 6h vor — ist nicht mehr die Rede. Das auf diese Weise jederzeit mögliche Erscheinen der russischen Schwarzmeerflotte im Mittelmeer gab bei vielen Staaten zu Besorgnissen Anlaß. Insbesondere aber auch Japan und das an den Verhandlungen in Montreux unbeteiligte Deutschland haben Befürchtungen geäußert, daß die Sowjetflotte jederzeit vom Schwarzen Meer nach dem fernen Osten bzw. in die Ostsee vorstoßen und dort das Flottengleichgewicht stören könne. Der aggressive Charakter dieser Vorschrift ist auch nicht zu bestreiten.

Die andere Ausnahme für Uferstaaten bezieht sich auf ihre Unterseeboote. Diese dürfen, wenn sie außerhalb des Schwarzen Meeres gebaut oder gekauft worden sind und wenn der Uferstaat von der

---

[85] Art. 10 I MV.
[86] Art. 13 III MV.
[87] Art. 10 I MV.
[88] Vgl. Annex II des MV.
[89] Art. 10 II MV.
[90] Siehe unten S. 51.
[91] Art. 11 MV; er ist also sowohl von Art. 10 wie von Art. 14 eine Ausnahme!

Kiellegung bzw. dem Kauf der Türkei rechtzeitig Mitteilung gemacht hat, die Meerengen passieren, um ihre Flottenbasis anzulaufen[92]. Dasselbe gilt, wenn die Unterseeboote außerhalb des Schwarzen Meeres repariert werden sollen; eine Mitteilung an die Türkei zur gehörigen Zeit ist auch hier erforderlich[93]. In allen Fällen ist Einzelfahrt bei Tage und über Wasser vorgeschrieben[94]. — Diese Vertragsbestimmung hat an sich keinen aggressiven Charakter, doch ist ein Mißbrauch des Art. 12 II MV, der die Passage von Unterseebooten gestattet, von denen der Uferstaat nur zu behaupten braucht, daß sie reparaturbedürftig seien, zur Vorbereitung eines Angriffs sehr leicht möglich[95].

2. Die Kriegsschiffe haben nur ein Durchfahrtsrecht, wenn sie vorher auf diplomatischem Wege bei der türkischen Regierung angemeldet worden sind[96]. Die Fristen, die dabei eingehalten werden sollen, betragen regelmäßig eine Woche, doch ist es wünschenswert („désirable"), daß sie für Nichtuferstaaten auf zwei Wochen ausgedehnt werden[97]. Die Voranmeldung muß Angaben über Reiseziel, Name, Typ und Anzahl der Schiffe sowie über das voraussichtliche Datum der Durchfahrt, gegebenenfalls auch der Rückfahrt enthalten[98]. Jede Veränderung des Datums muß drei Tage vorher mitgeteilt werden[99], doch darf sich die Hinfahrt nicht um mehr als fünf Tage, von dem in der Voranmeldung genannten Tage gerechnet, verzögern, da sonst eine neue Voranmeldung mit der regelmäßigen Frist von ein bzw. zwei Wochen erforderlich wird[100].

Von dieser Beschränkung der freien Durchfahrt ist keine Ausnahme zugunsten der Uferstaaten vorgesehen; die Bestimmung des TE[101], daß die Kriegsschiffe der Uferstaaten von der Voranmeldungspflicht befreit sein sollten, wenn sie sich auf der Rückfahrt ins Schwarze Meer befänden, ist in den Montreuxvertrag nicht aufgenommen worden. Die Tragweite dieser Fortlassung ist aber nicht so groß, da die Anmeldefrist für Uferstaaten ja nur eine Woche, nicht, wie der türkische Entwurf allgemein vorsah, einen Monat beträgt. Und gesetzt den Fall, diese Kriegsschiffe der Uferstaaten müßten wirklich einmal wegen fehlender Voranmeldung eine Woche warten, und es bräche inzwischen ein Krieg aus, so kann ihnen ja die Sperre der Meerengen für Schiffe

---

[92] Art. 12 I MV.
[93] Art. 12 II MV.
[94] Art. 12 III MV.
[95] Dem TE fehlte eine entsprechende Bestimmung ganz.
[96] Art. 10, 13 MV.
[97] Art. 13 I 2 MV.
[98] Art. 13 I 3 MV.
[99] Art. 13 I 4 MV.
[100] Art. 13 II MV.
[101] Art. 6h II TE; vgl. auch oben S. 28.

4 Suche

Kriegführender gemäß Art. 19 II MV nicht hinderlich werden, da sie sich ja auf der Rückfahrt in den Heimathafen befinden und daher auf Grund der Ausnahmevorschrift des Art. 19 IV noch passieren dürfen[102].

Dagegen ist zugunsten der Nichtuferstaaten eine Ausnahme von dem Erfordernis der Voranmeldung gemacht worden. Die Kriegsschiffe, die auf Grund des Art. 18b zu „humanitären Zwecken" ins Schwarze Meer gesandt werden können, sind von der Voranmeldungspflicht befreit; sie bedürfen allerdings einer besonderen türkischen Erlaubnis zur Durchfahrt[103].

Weiter sind Hilfsschiffe der Kriegsmarine, die der Brennstoffbeförderung dienen, von der Voranmeldungspflicht ausgenommen, wenn sie nicht mit mehr als zwei gewöhnlichen Geschützen von höchstens 105 mm Kaliber und zwei gegen Flugzeuge verwendbaren Geschützen von höchstens 75 mm bewaffnet sind[104]. Diese Bestimmung entspricht besonders französischem Interesse an der Brennstoffversorgung[105].

3. Damit die Sicherheit der Türkei nicht durch zu viele in den Meerengen befindliche fremde Seestreitkräfte gefährdet wird, ist die Gesamttonnage und die Zahl der gleichzeitig auf der Durchfahrt in den Meerengen befindlichen Kriegsschiffe — und damit auch der Grundsatz der freien Durchfahrt — beschränkt. Während das Lausanner Meerengenabkommen noch keine Beschränkung für gleichzeitige Passage kannte, wollte der türkische Entwurf[106] die Höchstgesamttonnage auf 14 000 t festsetzen und eine solche Flotteneinheit nur in zwei Teilen zulassen, falls die türkische Flotte abwesend oder zum Teil außer Dienst gestellt sei. Der englische Entwurf[107] schlug eine relative Beschränkung, nämlich auf die Hälfte der aktiven türkischen Flotte vor, jedenfalls sollten aber 15 000 t immer zulässig sein. Der Montreuxvertrag[108] setzt die höchste Gesamttonnage aller auf der Durchfahrt befindlichen fremden Seestreitkräfte absolut auf 15 000 t fest, die sich wiederum nicht aus mehr als neun Schiffen zusammensetzen dürfen[109]. Die Nachteile, die eine absolute Festsetzung gegenüber einer relativen hat, sind dadurch ausgeglichen worden, daß für Art. 14 MV die Möglichkeit einer erleichterten Revision vorgesehen ist[110].

---

[102] Siehe unten S. 56.
[103] Näheres siehe Art. 18d und unten S. 53.
[104] Art. 9 MV.
[105] Vgl. Bulletin Quotidien v. 8. Juli 1936.
[106] Art. 6b, d, TE.
[107] Art. 11 EE.
[108] Art. 14 MV.
[109] Art. 14 I, II MV.
[110] Art. 29 II, V; MV; siehe auch oben S. 33.

Die in Art. 14 I, II aufgestellte Beschränkung ist wiederum von verschiedenen Ausnahmen durchbrochen. So sind die Linienschiffe der Uferstaaten an die Höchsttonnage nicht gebunden[111], eine Bestimmung, die der allgemeinen Durchfahrtserlaubnis des Art. 11 MV für Linienschiffe der Schwarzmeerstaaten erst die richtige Tragweite verleiht, denn ohne sie wären die Linienschiffe, die selbst schon größer als 15 000 t sind, von der Durchfahrt ausgeschlossen.

Ebenso sind die in Annex III genannten drei überalterten japanischen Schulschiffe[112] und die Brennstofftransportschiffe[113] von der Höchsttonnage des Art. 14 ausgenommen.

Nicht nur von der Berechnung der Höchsttonnage, sondern meines Erachtens auch von der Berechnung der Neunzahl des Art. 14 II sind auszunehmen: einmal die Kriegsschiffe, die bei der Durchfahrt durch die Meerengen Havarie erlitten haben; da sie für die Dauer des Reparaturaufenthalts besonderen türkischen Sicherheitsbestimmungen unterworfen sind[114], bilden sie keine Gefahr für die Türkei. Zum anderen die Kriegsschiffe, die sich zur Abstattung eines Höflichkeitsbesuchs auf Einladung der Türkei in einem ihrer Meerengenhäfen befinden[115]; von ihrer Seite besteht erst recht keine Gefahr für die türkische Sicherheit.

Gerade dieser Mangel einer Gefährdung der Türkei durch jene Schiffe ist der Grund dafür, diese Schiffe auch bei der Berechnung der Neunzahl außer Ansatz zu lassen, obgleich der Vertrag selbst keinen Anhaltspunkt für diese Annahme bildet, sondern im Gegenteil in Art. 14 III und IV immer nur von der Tonnage, die nicht zu berechnen sei, spricht. Aber es läßt sich kein vernünftiger Grund für die Ansicht finden, daß, wenn etwa drei Kriegsschiffe sich zu Besuch bei der Türkei oder zur Reparatur infolge einer Havarie längere Zeit in den Meerengen befinden, zwar immer noch 15 000 t anderer Seestreitkräfte gleichzeitig passieren dürfen, daß aber diese 15 000 t sich jetzt nur aus höchstens sechs statt neun Kriegsschiffen zusammensetzen dürfen. Der Sinn des Art. 14 III, IV ist vielmehr der, daß durch Höflichkeitsbesuche und Havarien der gewöhnliche Verkehr nicht gestört werden soll. Eine Störung würde aber eintreten, wenn man nicht durch erweiternde Auslegung jener Vorschrift des Vertrages dazu gelangen würde, die in Frage stehenden Schiffe auch von der Anrechnung auf die Höchstzahl auszunehmen.

---

[111] Art. 14 I und 11 MV; siehe auch oben S. 48.
[112] Art. 14 I MV i. V. m. Annex III MV.
[113] Art. 9 MV.
[114] Art. 14 IV MV.
[115] Art. 14 III MV.

4. Neben die Festsetzung einer Höchsttonnage für gleichzeitig die Meerengen passierende fremde Seestreitkräfte tritt die Festsetzung einer Höchsttonnage für den gleichzeitigen Aufenthalt von Kriegsschiffen der Nichtuferstaaten im Schwarzen Meer. Dadurch soll dem berechtigten Sicherheitsinteresse der Uferstaaten Rechnung getragen werden. Da nach den Tonnageverhältnissen im Schwarzen Meer von der Türkei schon die Meerengendurchfahrt geregelt werden muß, ist auch diese Beschränkung zugleich eine Beschränkung des Rechtes der „liberté de passage".

Verschiedene Systeme der Tonnagebegrenzung sind hier möglich und auch zur Anwendung bzw. zum Vorschlag gelangt. Das Lausanner Meerengenabkommen sah eine relative, also keine feste zahlenmäßige Begrenzung nach oben vor. Maßstab war die größte Schwarzmeerflotte, doch nicht Höchstgrenze für die Summe der Flotten der Nichtuferstaaten, sondern Höchstgrenze nur für die Anzahl und Tonnage der Schiffe, die jeder einzelne Nichtuferstaat ins Schwarze Meer schicken durfte[116]. Es ist offensichtlich, daß diese Regelung, obgleich als „bemerkenswerte Konzession der Westmächte an den russischen Standpunkt" bezeichnet, als völlig unzureichend den berechtigten Sicherheitsanspruch der Uferstaaten nicht befriedigen konnte[117].

Der türkische Entwurf[118] schlug eine absolute Festsetzung der Höchsttonnage auf 28 000 t vor für die Summe der Kriegsschiffe der Nichtuferstaaten; ein einzelner Nichtuferstaat sollte höchstens bis zur Hälfte, also 14 000 t, ins Schwarze Meer senden dürfen. Zugleich beschränkte der türkische Entwurf die Aufenthaltsdauer dieser Schiffe im Schwarzen Meer auf 14 Tage.

Der Montreuxvertrag[119], im wesentlichen hier dem englischen Entwurf folgend, geht bei der Tonnagebegrenzung einen Mittelweg, indem er absolute und relative Gesichtspunkte verknüpft. Die Gesamttonnage der Nichtuferstaaten im Schwarzen Meer darf 30 000 t nicht überschreiten (absolutes Element)[120]. Sobald aber die Schwarzmeerflotte eines Uferstaates um 10 000 t[121] oder mehr die Tonnage der beim Abschluß des Vertrages größten Flotte übersteigt, so wird die für Nichtuferstaaten zulässige Höchsttonnage um dieselbe Tonnenzahl erhöht

---

[116] Als festes Minimum, das jeder Nichtuferstaat unter allen Umständen — gedacht war insbesondere an eine etwaige Abrüstung der Uferstaaten unter 30 000 t — ins Schwarze Meer senden durfte, war ein Kontingent von 3 Schiffen zu je 10 000 t vorbehalten.

[117] Vgl. auch Topf, S. 41/42; Sauerteig, S. 23.

[118] Art. VIb, c, e TE.

[119] Art. 18 MV. Für den ganzen Artikel ist erleichterte Revision vorgesehen. Vgl. Art. 29 II, V und oben S. 33.

[120] Art. 18a MV.

[121] Der EE bestimmte hier: 10 %.

(relatives Element), jedoch nicht über 45000 t hinaus (absolutes Element)[122]. Der einzelne Staat darf die Gesamttonnage höchstens bis zu zwei Drittel[123] in Anspruch nehmen, das heißt er darf, wenn dadurch die zulässige Gesamttonnage nicht überschritten wird, 20000 bzw. im Falle einer Erhöhung der Gesamttonnage bis zu 30000 t ins Schwarze Meer schicken[124]. Die Aufenthaltsdauer der Kriegsschiffe der Nichtuferstaaten ist auf drei Wochen beschränkt[125]; dadurch wird verhindert, daß ein Nichtuferstaat sich mit der für einen Einzelstaat zulässigen Höchsttonnage von zwei Drittel der Gesamttonnage im Schwarzen Meer festsetzt und die sämtlichen anderen Nichtuferstaaten auf diese Weise gezwungen sind, sich in das noch freie Drittel zu teilen.

Auch von dieser Beschränkung der freien Durchfahrt ist eine Ausnahme vorgesehen: Die Gesamthöchsttonnage kann überschritten werden, wenn einer oder mehrere Nichtuferstaaten Kriegsschiffe zu den bereits erwähnten „humanitären Zwecken"[126] ins Schwarze Meer schicken wollen, obgleich die Gesamthöchsttonnage an sich schon erreicht ist oder durch Hinzukommen eines Teils der Einlaß begehrenden Schiffe erreicht werden würde. Jeder Nichtuferstaat darf nach Einholung einer Erlaubnis der Türkei, und wenn die anderen Uferstaaten des Schwarzen Meeres nicht binnen 24 Stunden nach der Mitteilung des Einlaßbegehrs durch die Türkei bei dieser Widerspruch erheben, Seestreitkräfte von höchstens 8000 t[127] ins Schwarze Meer einfahren lassen[128].

Was ist nun unter „humanitären Zwecken" zu verstehen? In erster Linie ist an die Hilfe für die Staatsangehörigen bei Naturkatastrophen gedacht; der Delegierte Englands — des Landes, auf dessen Vorschlag diese Vorschrift aufgenommen wurde — führte in Montreux auf Anfrage den Fall eines Erdbebens als Beispiel an[129]. Aber auch der Schutz der Ausländer bei inneren Wirren, Revolutionen und sonstigen mit Gefahr für Leib und Leben der Ausländer verbundenen Ereignissen in einem Schwarzmeeruferstaat muß wohl als humanitärer Zweck anerkannt werden[130]. In diesen letzten Fällen wird auch der Widerspruch

---

[122] Art. 18b MV.
[123] Nach dem EE: 3/4.
[124] Art. 18c MV.
[125] EE: ein Monat.
[126] Genannt als Ausnahme von der Voranmeldungspflicht des Art. 13 MV; siehe oben S. 50.
[127] EE: 10000 t.
[128] Art. 18b MV.
[129] Vgl. Manchester Guardian v. 8. Juli 1936.
[130] Erinnert sei an die noch wütenden spanischen Wirren, die viele Staaten veranlaßten, zum Schutz ihrer Staatsangehörigen Kriegsschiffe in die spanischen Gewässer zu entsenden.

des Uferstaates, in dem die Wirren usw. herrschen, unter Umständen trotz Art. 18d MV nicht zu beachten sein. —

Auch für die zu humanitären Zwecken im Schwarzen Meer weilenden Kriegsschiffe der Nichtuferstaaten gilt aber, wie sich aus der Stellung und dem Wortlaut des Art. 18e MV klar ergibt, die Begrenzung der Aufenthaltsdauer auf drei Wochen.

Neben den vier Hauptbeschränkungen der Durchfahrtsfreiheit und ihren Ausnahmen (1. bis 4.) enthält der Montreuxvertrag für Kriegsschiffe in Friedenszeiten noch einige Einzelbestimmungen.

So ist den durchfahrenden Kriegsschiffen, die Flugzeuge an Bord haben[131], verboten, davon Gebrauch zu machen[132]. Diese Bestimmung geht auf den Vorschlag des türkischen Entwurfs zurück[133]; das Lausanner Abkommen, das anders als der Montreuxvertrag die Freiheit des Überfliegens für alle Flugzeuge kannte, hatte für ein entsprechendes Verbot natürlich keinen Raum.

Wie schon das Lausanner Meerengenabkommen[134] und der türkische Entwurf[135] bestimmt auch der Montreuxvertrag in Art. 16, daß das Durchfahrtsrecht für Kriegsschiffe nicht auch das Recht umfaßt, sich länger in den Meerengen aufzuhalten, als es zur Ausführung der Durchfahrt selbst erforderlich ist. Fälle der Havarie und Seenot sind natürlich ausgenommen.

Der türkische Entwurf bestimmte an dieser Stelle noch[136], daß die Versorgung und Wiederinstandsetzung von Kriegsschiffen sich nach den Vorschriften des XIII. Haager Abkommens von 1907 über die Neutralität im Seekriege[137] regeln sollte. Dadurch sollte offensichtlich die für den Kriegsfall bestimmte Regelung betr. die Behandlung kriegführender Schiffe durch die Neutralen in Zukunft auch in Friedenszeiten auf alle in den Meerengen befindlichen Kriegsschiffe angewandt werden. Der Montreuxvertrag hat diese Bestimmung nicht übernommen und hält damit den bisher geltenden Rechtszustand aufrecht, denn auch das Lausanner Meerengenabkommen enthält diese Bestimmung an dieser Stelle nicht. Soweit es das XIII. Haager Abkommen in Annex § 2b LMA erwähnte, also für den Kriegsfall bei türkischer Neutralität, sagte es nur etwas Selbstverständliches, da die Türkei ja selbst

---

[131] Darunter sind nicht die Flugzeugmutterschiffe zu verstehen (Definition in Annex II B 2)! Diesen ist, da sie in Art. 10 I, 11 und 12 nicht genannt sind, die Durchfahrt überhaupt verboten (Art. 10 II MV i. V. m. Annex II B).

[132] Art. 15 MV.

[133] Art. 6f TE.

[134] Annex § 4 LMA.

[135] Art. 6g TE.

[136] Art. 6g TE.

[137] Siehe v. Martens-Triepel, Nouv. Rec. gén. d. Tr. Serie 3, Band III, S. 713 ff.

Unterzeichnerin des Haager Abkommens ist. Infolgedessen konnte in Art. 19 eine ausdrückliche Erwähnung des XIII. Haager Abkommens unterbleiben, ohne daß eine sachliche Änderung eintrat.

Ohne Rücksicht auf Tonnengehalt und Zusammensetzung dürfen Seestreitkräfte auf Einladung der Türkei zu Höflichkeitsbesuchen von beschränkter Dauer in den Meerengen erscheinen[138]. Das Wort „Zusammensetzung" („Composition") bezieht sich nicht nur auf die Zahl, das heißt es dürfen nicht nur mehr als neun Schiffe sein, sondern es bezieht sich auch auf die Art der Schiffe, auf die Schiffsklasse[139], das heißt es dürfen auch andere als die in Art. 10 I genannten Schiffsklassen, also Linienschiffe und Flugzeugmutterschiffe, zum Besuch in die Meerengen einlaufen. Trotzdem war diese Bestimmung nicht als Ausnahme von der oben unter 1. behandelten Durchfahrtsbeschränkung — nach der nur gewisse Schiffsklassen das Recht der freien Durchfahrt genießen — aufzuführen: es handelt sich hier nämlich gar nicht um eine Ausnahme, denn diesen Schiffen ist zwar die Einfahrt zum Besuch eines türkischen Meerengenhafens gestattet, nicht aber die Durchfahrt; sie müssen vielmehr auf demselben Wege, auf dem sie gekommen sind, wieder die Meerengen verlassen[140]. Die Durchfahrt ist ihnen nur gestattet, wenn die Voraussetzungen der Art. 10, 14 und 18 MV gegeben sind.

Art. 17 Satz 1 spricht von Höflichkeitsbesuchen von beschränkter Dauer, ohne aber selbst eine bestimmte zeitliche Beschränkung festzusetzen. Die einzige in dem Montreuxvertrag enthaltene Aufenthaltsdauerbegrenzung[141] kann hier keine Anwendung finden, da sie sich ausdrücklich nur auf den Aufenthalt im Schwarzen Meer bezieht. Aber das Fehlen einer Zeitbegrenzung ist wohl kein Versehen. Die Worte „d'une durée limitée" sollen nur den Höflichkeitsbesuch näher beschreiben, das heißt der Besuch muß von vornherein, wie es auch üblich ist, für eine bestimmte Anzahl Tage vorgesehen sein. Es soll damit gesagt sein, daß die Türkei nicht auf unbestimmte Zeit die Flotten der ihr befreundeten Mächte um sich versammeln darf, um etwa so im Frieden feindliche Maßnahmen gegen dritte Mächte oder gegen die Freiheit der Meerengen vorzubereiten. —

Jeder Uferstaat ist verpflichtet, am 1. Januar und 1. Juli eines jeden Jahres der Türkei die Gesamttonnage seiner Flotte mitzuteilen. Die Mitteilung dient dazu, festzustellen, ob eine Flotte eines Uferstaates die Tonnage der bei Abschluß des Montreuxvertrages größten Flotte überschritten hat und ob eine Erhöhung der Tonnagebegrenzung für

---

[138] Art. 17, 1 MV.
[139] Das ergibt sich daraus, daß in Art. 17, 2 MV am Schluß auch Art. 10 MV erwähnt ist.
[140] Art. 17, 2 MV.
[141] Art. 18 c MV.

Nichtuferstaaten in Frage kommt[142]. Zu diesem Zweck muß die Mitteilung nach Schiffsklassen und Unterklassen spezifiziert sein, doch ohne Berücksichtigung der kleinen Kampfschiffe, Hilfsschiffe und überalterten Schiffe, die überhaupt bei der Berechnung der Gesamttonnage der Schwarzmeerflotten ausscheiden[143]. — Diese Meldungen werden von der Türkei den Vertragsmächten sowie dem Generalsekretär des Völkerbundes zugeleitet.

Die Aufrechterhaltung der Meldeverpflichtungen, die auch schon unter dem Lausanner Régime bestanden[144], scheint überhaupt das verborgene Ziel gewesen zu sein, das England mit der Einführung eines relativen Elements in die Berechnungsart der Höchsttonnage für Nichtuferstaaten erstrebte[145]. Denn wäre die absolute Festsetzung, wie sie der türkische Entwurf vorschlug, angenommen worden, so wäre für die Fortsetzung solcher Meldungen keine Veranlassung mehr gewesen. Das Meldesystem bietet England aber die erwünschte Gelegenheit, ständig in die Rüstungsverhältnisse im Schwarzen Meer Einblick nehmen zu können.

b) Bei dem in Montreux so sehr umstrittenen Fall des Krieges bei türkischer Neutralität wird wie auch bei der Lausanner Regelung und den Entwürfen die Friedensregelung zugrunde gelegt. Die Art. 10 bis 18 finden auf die Kriegsschiffe Anwendung. Im übrigen genießen sie „völlige Durchfahrtsfreiheit"[146]. Die nachfolgende Einschränkung ergibt, daß diese Durchfahrtsfreiheit nur den neutralen Kriegsschiffen zugute kommt; denn für die Kriegsschiffe der kriegführenden Staaten besteht ein allgemeines Passageverbot[147]. Es gilt also der Grundsatz der „negativen Neutralisation"[148].

Das Passageverbot für Kriegsschiffe Kriegführender ist aber durch drei wichtige Ausnahmen durchbrochen. Kommen auf Grund dieser Ausnahmen Kriegsschiffe kriegführender Mächte in die Meerengen, so gilt der Grundsatz der „positiven Neutralisation" der Meerengen[149]; das heißt es ist den Kriegsschiffen in den Meerengen die Wegnahme von Schiffen, die Ausübung des „droit de visite" sowie jeder feindselige Akt überhaupt verboten[150].

---

[142] Vgl. Art. 18b und oben S. 52.
[143] Vgl. im einzelnen Annex IV i. V. m. Annex II MV.
[144] Annex § 2a LMA.
[145] Siehe oben S. 30.
[146] Art. 19 I MV.
[147] Art. 19 II MV.
[148] Vgl. oben S. 38 und die dort angeführte Literatur.
[149] So auch bisher allgemein das LMA (Annex § 2b), ebenso der Vorschlag des TE (Art. 7 II).
[150] Anders der EE, der bezüglich der Rechte der Kriegführenden Vorbehalte macht; vgl. Art. 16 EE und oben S. 31.

1. Die einfachste der drei Ausnahmen vom Passageverbot für kriegführende Kriegsschiffe besagt, daß diese Schiffe, wenn sie durch die Meerengen von ihrem Heimathafen getrennt sind, passieren dürfen, um diesen anzulaufen[151]. Danach ist es zum Beispiel einer russischen Flotte, die im Schwarzen Meer stationiert ist, möglich, nach der Vornahme von kriegerischen Operationen im Mittelmeer vor ihren Verfolgern ins Schwarze Meer zu entfliehen, ohne daß diese ihr dorthin folgen können. England hat den Wunsch, diese Möglichkeit zu verhindern[152], in Montreux nicht verwirklichen können.

2. Die zweite Ausnahme, die der Montreuxvertrag an dieser Stelle macht[153], betrifft den Fall einer Völkerbundsexekution. Von dieser ist im Montreuxvertrag selbst allerdings nicht ausdrücklich die Rede, doch kann der Hinweis in Art. 19 II auf die Fälle, die in Anwendung des Art. 25 MV sich ereignen können, nichts anderes bedeuten. Denn Art. 25 MV stellt fest, daß die auf der Völkerbundssatzung beruhenden Rechte und Pflichten der Türkei und der anderen Vertragspartner des Montreuxvertrages — soweit sie Mitglieder des Völkerbundes sind — durch die Bestimmungen des Montreuxvertrages in keiner Weise berührt werden. Also gilt auch — und das ist sogar die einzige Vorschrift, die im Zusammenhang mit Art. 19 II MV Sinn haben kann — Art. 16 VBS fort, der in Abs. 3 die Türkei verpflichtet, im Falle einer Bundesexekution ihr Land — und ebenso ihre Gewässer — zum Durchzug von Exekutionstruppen — bzw. zur Durchfahrt von Exekutionsflotten — zur Verfügung zu stellen. Die Türkei kann also, wenn der Völkerbund auf Grund des Art. 16 II VBS militärische Maßnahmen gegen einen Friedensbrecher empfohlen hat und in Ausübung derselben die Kriegsschiffe seiner Mitglieder die Meerengen passieren wollen, nicht einwenden, daß die Meerengen für Kriegführende geschlossen seien. Die Kriegsschiffe, die sich an der Völkerbundsexekution beteiligen, genießen also das Recht der freien Durchfahrt durch die Meerengen, — selbst ohne die Beschränkungen der Art. 10—18 MV[154]!

3. Die dritte, bei den Verhandlungen in Montreux sehr umstrittene Ausnahme vom Passageverbot für Kriegsschiffe Kriegführender ist der Fall, daß einem Staat, der das Opfer eines Angriffs geworden ist, auf Grund eines gegenseitigen Beistandspaktes, der auch die Türkei verpflichtet[155], Beistand geleistet werden soll. Der Pakt muß allerdings im Rahmen des Völkerbundpaktes abgeschlossen und gemäß Art. 18 VBS

---

[151] Art. 19 IV MV.
[152] Vgl. oben S. 30.
[153] Der Verfasser folgt hier der Disposition des Vertrages; siehe aber unten S. 61 und 64 Anm. 185.
[154] Art. 19 III MV.
[155] Diese Bedingung wurde aufgenommen auf besonderen Wunsch Englands!

registriert und veröffentlicht worden sein[156]. Nur wenn alle diese Voraussetzungen vorliegen, kommt die Öffnung der Meerengen für die kriegführenden Schiffe in Betracht.

Derartige Beistandspakte sind bisher nur der russisch-französische, der russisch-tschechische, der französisch-rumänische Beistandspakt sowie der Balkanpakt, dem Griechenland, Rumänien, Jugoslawien und die Türkei angehören. Da die Türkei selbst also nur aus dem Balkanpakt verpflichtet ist, erfüllt nur dieser die Voraussetzungen des Art. 19 II MV und kommt daher bisher allein als Grundlage für die Durchfahrt kriegführender Kriegsschiffe in Erfüllung eines Beistandspaktes in Betracht. Aber Frankreich und Rußland haben sich auf die englischerseits geforderte Einfügung der Klausel, daß es sich um einen Pakt handeln müsse, der die Türkei selbst verpflichte, nur eingelassen, weil sie berechtigte Hoffnungen zu haben glaubten, die Türkei in ihr Beistandspaktsystem einschalten zu können[157]. Rußland steht ja bereits in engen freundschaftlichen Beziehungen zur Türkei, und es ist anzunehmen, daß Frankreich seinerseits demnächst Verhandlungen mit der Türkei zwecks Abschlusses eines Beistandspaktes anknüpfen wird, wie es die französische Presse bei Unterzeichnung des Montreuxvertrages ankündigte[158]. Andererseits vertraut England auf seinen Einfluß im Mittelmeer, der die Türkei davon abhalten werde, ohne Einverständnis Englands in dieser heiklen Frage der Meerengenöffnung zu handeln. Es ist daher heute gewiß noch fraglich, in wessen Sinn der Art. 19 II MV einmal funktionieren wird, insbesondere ob, wie beabsichtigt, gegen Deutschland[159]. Die Türkei ist gerade durch diese eine Bestimmung des Montreuxvertrages wieder wie vor dem Weltkriege ein wichtiger Faktor in der europäischen Politik geworden, denn fraglos werden die an den Meerengen interessierten Mächte im Hinblick auf die Bedeutung dieser Wasserstraße von nun an ständig bemüht sein, sich die Freundschaft der Türkei zu erhalten bzw. zu erwerben. Die Türkei muß sich aber darüber klar sein, daß ein einmal vollzogener Anschluß an ein Bündnissystem sie allzu leicht aus der politischen Schlüsselstellung, die sie heute einnimmt, verdrängen kann.

Es ist nun noch fraglich, ob die Türkei verpflichtet oder berech-

---

[156] Art. 19 II MV.

[157] Daß die Verknüpfung der Beistandspakte mit dem Meerengenvertrag in erster Linie im Hinblick auf den russisch-französischen, gegen Deutschland gerichteten Pakt geschah und daß sie bezweckte, im Kriegsfalle der russischen Schwarzmeerflotte zu ermöglichen, Frankreich Hilfe zu schicken, sowie selbst in der Nord- und Ostsee zu erscheinen, ist in Deutschland sofort erkannt worden und wurde auch von der russischen und französischen Presse bestätigt. Vgl. Ostwald in RDO v. 5. August 1936, S. 636.

[158] Vgl. Hamburger Nachrichten v. 20. Juli 1936.

[159] Vgl. Ostwald, a. a. O.

tigt ist, die Meerengen den Kriegsschiffen ihrer durch Beistandspakt Verbündeten zu öffnen. Durchweg wird diese Frage in letzterem Sinne entschieden, das heißt daß ihr die Öffnung gestattet sei, daß sie aber nicht dazu verpflichtet sei[160]. Das ist richtig, wenn man nur den Montreuxvertrag allein betrachtet. Denn die unbestimmte Fassung des Art. 19 II MV „sauf dans les cas..." enthält nichts von einer Verpflichtung, und eine dem Art. 25 MV entsprechende Vorschrift, die, wie dieser die Völkerbundssatzung, die Beistandspakte über den Meerengenvertrag stellt und damit deren Verpflichtungen auch zur Verpflichtung aus dem Montreuxvertrag macht, ist nicht vorhanden. Also ist die Türkei aus dem Montreuxvertrag, das heißt **gegenüber den Signatarmächten desselben nicht verpflichtet**, die Meerengen ihren Verbündeten zu öffnen. Wohl aber ist sie es gegenüber ihren **Verbündeten selbst**. Hat die Türkei sich erst einmal einem Bündnissystem angeschlossen, so ist sie hieraus zum Beistand, also auch zur Öffnung der Meerengen verpflichtet[161], und die zukünftigen Pakte der Türkei werden sicherlich nicht vergessen, den Fall der Meerengenöffnung gemäß Art. 19 II MV noch besonders zu erwähnen. Dadurch daß die Verpflichtung nur gegenüber den Verbündeten der Türkei besteht, können diese sich zur Rechtfertigung ihres Durchfahrtsbegehrs allerdings auch nur auf ihren Bündnisvertrag berufen. Sie sind also darauf angewiesen, daß die Türkei diesen Vertrag einhalten will. Die stärkere Bindung, die ein kollektiver, allgemeines Völkerrecht schaffender Vertrag immerhin darstellt, kommt dem Durchfahrtsanspruch der Verbündeten nicht zugute.

Aus der einmal getroffenen Feststellung, daß der Montreuxvertrag die Türkei zur Öffnung der Meerengen nicht verpflichte, sondern nur ermächtige, wird nun deutscherseits allgemein eine gewisse Beruhigung geschöpft. Diese Schlußfolgerung ist jedoch wohl nicht begründet. Das für den Augenblick für Deutschland Beruhigende kann nur sein, daß bisher noch kein Beistandspakt der Türkei mit Frankreich oder Rußland mit den Voraussetzungen des Art. 19 II MV geschlossen ist; die Hoffnung, daß es nicht dazu kommt, steht jedoch auf unsicheren Füßen. Und ist es einmal dazu gekommen, so bleibt Deutschland nur die noch weniger begründete Hoffnung, daß die Türkei ihrer Bündnispflicht nicht nachkommen und vertragsbrüchig werden wird. Denn mehr bedeutet die Feststellung, der Meerengenvertrag von Montreux verpflichte nicht, sondern ermächtige nur zur Öffnung, nicht, als daß der Türkei vom Montreuxvertrag die letzte Entscheidung überlassen wird, ob sie ihre Bündnisverträge durch Öffnung der Meerengen erfüllen will oder nicht!

Für die beiden letzten Ausnahmen, die Fälle der Völkerbundsexeku-

---

[160] Vgl. auch Ostwald, a. a. O.
[161] So ist auch Uebersberger, S. 205, zu verstehen!

tion — a) — und der Hilfeleistung auf Grund eines Beistandspakts — b) —, ist nun die Frage aufgeworfen worden[162], ob die Türkei überhaupt als neutral gelten könne.

Das Wort „neutral" hat nun eine zweifache Bedeutung, die beachtet werden muß, wenn man die aufgeworfenen Fragen richtig verstehen und würdigen will. Zunächst bezeichnet „neutral" den Tatbestand, daß ein Staat in einem Kriege nicht Kriegführender, nicht Kriegspartei ist. In diesem Sinne ist auch in dieser Schrift bisher in Übersetzung des Vertragstextes „la Turquie n'étant pas belligérante"[163] vom Kriegsfall „bei türkischer Neutralität" gesprochen worden. Ist diese — ursprüngliche — Bedeutung des Wortes neutral mit den obigen Fragen gemeint, so würde die Verneinung der Neutralität an dieser Stelle zugleich die Behauptung enthalten, daß der Montreuxvertrag, indem er diese Fälle unter dem Kapitel „la Turquie n'étant pas belligérante" behandelt, falsch disponiert sei.

Die zweite — übertragene — Bedeutung, die man mit dem Wort neutral verbindet, ist die, daß ein Staat sich neutral verhält, das heißt daß er seine Pflichten als nicht kriegführende Macht gegenüber den Kriegführenden beobachtet. Hier ist also schon begrifflich vorausgesetzt, daß der Staat selbst nicht Kriegführender ist. Ist diese Bedeutung mit den obigen Fragen gemeint, so können an die Verneinung der Neutralität nur gewisse Rechtsfolgen geknüpft werden, die für eine Neutralitätsverletzung vorgesehen sind, und die unter Umständen schnell dazu führen können, daß der verletzende Staat sich auch im Kriege befindet, also auch nicht mehr im ursprünglichen Sinne „neutral" ist.

Kann die Türkei in den fraglichen Fällen nun wirklich nicht als neutral — in dem einen oder andern Sinne — gelten? Zunächst ist zu prüfen, ob sie vielleicht selbst Kriegspartei ist.

a) Die Völkerbundsexekution ist nun allerdings kein Krieg im eigentlichen Sinne[164]. Daß sie aber als Krieg im Sinne des Montreuxvertrages zu gelten hat, ergibt sich daraus, daß die die VB-Exekution durchführenden Kriegsschiffe, dadurch daß für sie eine Ausnahme von dem Passageverbot für Kriegsschiffe Kriegführender gemacht wird[165], doch offensichtlich als Schiffe kriegführender Mächte angesehen werden.

Kriegführender bei einer VB-Exekution ist nun nicht der Völkerbund selbst[166], aber auch nicht nur diejenigen Staaten, die die vom Völker-

---

[162] Zu (a) vgl. Manchester Guardian v. 11. Juli 1936; zu (b) vgl. VBuVR (v. Freytag-Loringhoven?), August 1936, S. 330.
[163] Art. 4, 19 MV.
[164] Vgl. v. Bülow, S. 265.
[165] Nicht ausdrücklich, aber siehe oben S. 57.
[166] Der VB ist zwar Rechtssubjekt, aber nicht Kriegssubjekt. Kriegführende können nur Staaten und anerkannte Aufständische sein; vgl. Strupp, GVR, S. 193. 229 f.

bund empfohlenen militärischen Maßnahmen durchführen, sondern alle Mitglieder des Völkerbundes. Keines darf sich für neutral erklären[167]. Also ist bei einer VB-Exekution auch die Türkei als Völkerbundsmitglied kriegführende Macht, also nicht neutral!

Die Zweifel des Manchester Guardian[168], ob die Türkei im Falle einer VB-Exekution als neutral gelten könne, waren also wirklich berechtigt, und es muß konstatiert werden, daß in diesem Punkt den Verfassern des Montreuxvertrages ein Dispositionsfehler unterlaufen ist; denn die VB-Exekution wäre richtigerweise als besonderer Fall eines Krieges der Türkei, in dem die Durchfahrt der Kriegsschiffe nicht, wie sonst im Kriege, ins türkische Belieben gestellt ist, also als Ausnahme von Art. 20 MV zu behandeln gewesen[169]. An der oben geschilderten, von den Vertragschließenden gewollten materiellen Rechtslage selbst wird durch diese Feststellung allerdings nichts geändert.

b) Im Falle der Hilfeleistung auf Grund eines Beistandspaktes, der auch die Türkei verpflichtet, bedeutet der Umstand, daß die türkischen Verbündeten sich im Kriege befinden, dagegen noch nicht, daß auch die Türkei Kriegführende ist. Denn „Kriegserklärungen, die nur von einem der Verbündeten ausgehen oder nur gegen den einen von ihnen gerichtet sind, begründen bezüglich der übrigen Verbündeten den Kriegszustand nicht"[170]. Ein innerer Widerspruch, wie er in VBuVR[171] behauptet wird, besteht zwischen Beistandsverpflichtung und Neutralität nicht, soweit man die ursprüngliche Bedeutung des Wortes neutral (= nichtkriegführend) zugrunde legt. Ein nichtkriegführender Staat kann sehr wohl zum Beistand verpflichtet sein, ohne gleich seine Eigenschaft als Nichtkriegführender zu verlieren; einmal, weil ja noch gar nicht feststeht, ob er je seiner Verpflichtung nachkommen wird; aber auch wenn er ihr nachkommt, wird er dadurch — soweit seine Beistandsverpflichtung nur darin besteht, zum Beispiel den Durchzug durch sein Gebiet zu gestatten oder, wie hier, Meerengen der Flottendurchfahrt zu öffnen — noch nicht ipso iure zum Kriegführenden[172]. Dem Montreuxvertrag kann man hier also einen logischen Fehler oder, was dasselbe ist, einen Dispositionsfehler nicht vorwerfen, wie es VBuVR anscheinend tun wollen. Allerdings ist richtig, daß ein Beistandspakt die Tendenz hat, den Verbündeten des bereits Kriegführenden auf dessen Seite in den Krieg zu ziehen. Deshalb ist aber eine Zeitspanne,

---

[167] v. Bülow, S. 277.
[168] a. a. O.
[169] Siehe unten S. 63 und 64.
[170] Liszt-Fleischmann, S. 449.
[171] a. a. O.
[172] Siehe die folgenden Ausführungen.

in der beispielsweise die Verbündeten der Türkei schon Krieg führen, die Türkei selbst jedoch noch nicht kriegführende Macht ist, doch nicht ganz zu leugnen, wenn sie auch vielleicht nur kurz sein wird!

Wenn man allerdings fragt, ob die nichtkriegführende Türkei, die ihren kriegführenden Verbündeten die Meerengen öffnet, sich neutral **verhält**, ob sie keine Neutralitätsverletzung begeht, ob sie also neutral ist im übertragenen Sinne, so ist diese Frage sicherlich zu verneinen[173]. Wenn in diesem Sinne in VBuVR gemeint wird, daß Beistandspakt und Neutralität sich nicht vertragen, so ist das natürlich richtig, diese Feststellung hat aber für die Beurteilung des Montreuxvertrages gar keine Bedeutung[174]. Denn die Feinde der türkischen Verbündeten können nun auch der Türkei den Krieg erklären, ja sie können die Türkei auf Grund dieser Neutralitätsverletzung sogar ohne Kriegserklärung in jeder Hinsicht als Kriegspartei behandeln[175], doch ist das ihrem freien Entschluß überlassen. Tun sie es nicht, so bleibt es dabei, daß die Türkei nichtkriegführende Macht ist und daß daher Art. 19 MV weiterhin zu gelten hat. Entschließen sie sich aber zu kriegerischen Maßnahmen gegenüber der Türkei, so ist vom Beginn dieser Maßnahmen an die Türkei auch Kriegspartei, und es hat erst jetzt, genau wie nach einer Kriegserklärung, Art. 20 MV Anwendung zu finden.

An dieser Rechtslage will auch Art. 19 II MV nichts ändern, insbesondere will er meines Erachtens nicht erklären, daß die Öffnung der Meerengen in Zukunft nicht als Verletzung der Neutralitätspflichten der Türkei angesehen werden könne. Diese Vorschrift sagt nur implicite, daß die Türkei unter gewissen Umständen, ohne erst vorher sich durch eine Kriegserklärung das freie Bestimmungsrecht über die Kriegsschiffdurchfahrt[176] erworben zu haben, die Meerengen ihren Verbündeten öffnen kann und daß sie damit **gegenüber den Signatarmächten des Montreuxvertrages als solchen keine Pflichtverletzung** begeht. Welche Folgerungen aus der darin liegenden Neutralitätsverletzung gezogen werden sollen, wird vom Montreuxvertrag den beteiligten Kriegsparteien überlassen.

c) Fühlt die Türkei sich im Frieden oder während eines Krieges, an dem sie selbst nicht teilnimmt, von Kriegsgefahr bedroht[177], so kann sie die Art. 10—18 MV außer Kraft setzen, das heißt sie kann

---

[173] An sich ist nach allgemeinen Regeln die Gestattung der Durchfahrt durch die neutralen Gewässer mit der Neutralität vereinbar (vgl. Strupp, GVR, S. 273), aber nur, wenn es für **beide Kriegsparteien gleichmäßig** gestattet wird, nicht wie hier nur für die eine Partei!

[174] Insbesondere kann man hier nicht dem MV einen Dispositionsfehler vorwerfen.

[175] Vgl. Liszt-Fleischmann, S. 449.

[176] Art. 20 MV.

[177] Über den Begriff der drohenden Kriegsgefahr vgl. oben S. 45 und Anm. 70.

beliebige Bedingungen für die Durchfahrt der Kriegsschiffe festsetzen oder die Durchfahrt auch ganz verbieten[178].

Die Ausübung dieser Befugnis ist aber einer Nachprüfung durch den Völkerbundsrat hinsichtlich ihrer Berechtigung unterworfen. Das Verfahren ist das folgende: Zunächst muß die Türkei, sobald sie Einschränkungen der Durchfahrtsfreiheit auf Grund des Art. 21 I MV festsetzt, den Vertragsmächten sowie dem Generalsekretär des Völkerbundes Mitteilung davon machen[179, 180]. Die Angelegenheit kann alsdann vor dem Rat zur Sprache gebracht werden; eine Pflicht, sich damit zu befassen, etwa von Amts wegen, besteht, da der Montreuxvertrag nichts davon sagt, für den Rat nicht. Entscheidet nun aber der Völkerbundsrat, dem die Angelegenheit von irgendeiner Seite unterbreitet ist, mit Zweidrittelmehrheit, daß die türkischen Maßnahmen ungerechtfertigt seien und ist außerdem auch die (einfache) Mehrheit der Vertragsmächte derselben Ansicht — eine Frage, die wohl auf diplomatischem Wege geklärt werden kann und keines Zusammentritts dieser Mächte zu einer Konferenz bedarf —, so ist die Türkei verpflichtet, die unter Bezugnahme auf eine drohende Kriegsgefahr vorgenommenen Beschränkungen der Durchfahrtsfreiheit wieder aufzuheben[181]. Fehlt jedoch entweder ein entsprechender Beschluß des Völkerbundsrates oder die entsprechende Kundgabe der Ansicht der Unterzeichnermächte, so bleibt die Türkei in ihren Entscheidungen frei und kann zur Aufhebung der getroffenen Maßnahmen nicht gezwungen werden.

Eine einzige Verpflichtung besteht für die Türkei jedoch ohne Rücksicht auf Berechtigung oder Nichtberechtigung ihrer Maßnahmen und ohne daß es einer Entscheidung im Nachprüfungsverfahren bedarf: Die Türkei hat denjenigen Kriegsschiffen, die noch nach den allgemeinen Durchfahrtsregeln die Meerengen passiert haben und infolge der inzwischen auf Grund des Art. 21 I MV betroffenen türkischen Maßnahmen gehindert wären, in ihren Heimathafen zurückzukehren, zu diesem Zweck die Durchfahrt zu gestatten[182]. Diese Vorschrift bezieht sich aber, wie ausdrücklich betont wird[183], nicht auf die Kriegsschiffe des Staates, dessen Verhalten der Anlaß war für die Annahme einer drohenden Kriegsgefahr und damit für die Anwendung der türkischen

---

[178] Art. 21 MV i. V. m. Art. 20.
[179] Art. 21 III MV (abgedruckt oben S. 45).
[180] Im TE heißt es „zur weiteren Veranlassung"; weitere Einzelvorschriften hinsichtlich des Verfahrens fehlten (Art. 9 TE) und wurden erst vom EE eingefügt.
[181] Art. 21 IV MV; über die Frage der Rückgängigmachung der auf Grund des Art. 6 getroffenen Maßnahmen vgl. oben S. 45 ff.; daselbst auch Art. 21 IV MV abgedruckt.
[182] Art. 21 II 1 MV.
[183] Art. 21 II 2 MV.

Maßnahmen auf Grund des Art. 21 I MV. Diese Schiffe darf die Türkei sogar gar nicht passieren lassen!

d) Befindet sich die Türkei selbst im Kriege, so ist die Durchfahrt fremder Kriegsschiffe ganz dem türkischen Ermessen überlassen.[184] Ein Anspruch auf Meerengendurchfahrt steht keinem Kriegsschiff zu mit alleiniger Ausnahme derjenigen Kriegsschiffe, die eine VB-Exekution durchführen[185].

Das Neue an dieser Regelung gegenüber dem Lausanner Meerengenabkommen ist insbesondere, daß die Passagefreiheit für die Kriegsschiffe der neutralen Staaten, deren Durchfahrt bisher nicht unmöglich gemacht werden durfte[186], aufgehoben worden ist. Damit ist die Gefahr für die Türkei beseitigt, daß die einstweilen noch neutralen Schiffe ihr Durchfahrtsrecht mißbrauchen, um die militärischen Anlagen und Geheimnisse der Türkei auszuspionieren und daß sie, wenn sie bald darauf selbst in den Krieg eintreten sollten, diese Kenntnisse nachher gegen die Türkei verwerten können.

Der türkische Entwurf begegnete dieser Gefahr auch schon, indem er die Durchfahrt aller Kriegsschiffe von einer besonderen Einwilligung der Türkei abhängig machte[187]. Im übrigen hielt er aber ausdrücklich an den Friedensvorschriften fest, das heißt anscheinend auch soweit sie die Türkei banden. Die Türkei hätte danach also keine Kriegsschiffe durchlassen dürfen, die nicht form- und fristgerecht vorher angemeldet waren! Jetzt[188] besteht auch diese Bindung nicht mehr, wie sich daraus ergibt, daß die Art. 10—18 MV ausdrücklich für unanwendbar erklärt worden sind. Die Türkei kann im Kriege also insbesondere ihre Verbündeten ohne jegliche Beschränkung — auch ohne die oben S. 47 unter 1. bis 4. aufgezählten — passieren lassen.

Die völlige Freiheit der Türkei in der Handhabung der Durchfahrt fremder Kriegsschiffe gibt andererseits auch ihren Feinden, ohne daß es vom Montreuxvertrag ausdrücklich erwähnt zu werden brauchte, die Handlungsfreiheit im Rahmen des allgemeinen Kriegsrechts zurück[189]. Die Befriedung der Meerengen findet hier ihre Grenze[190]. So können die Feinde der Türkei versuchen, die gesperrten Meerengen zu forcieren, sie können innerhalb derselben türkische Handelsschiffe zur Beute machen, neutrale Schiffe durchsuchen, kriegerische Hand-

---

[184] Art. 20 MV.
[185] Siehe oben S. 61: hier, unter Art. 20 MV, hätte der Montreuxvertrag bei richtiger Disposition die VB-Exekution erwähnen müssen!
[186] Annex § 2c LMA.
[187] Art. 8 TE.
[188] Wie der MV auch schon der EE.
[189] So auch schon unter dem LMA, vgl. Topf, S. 48.
[190] Vgl. oben S. 39; daselbst auch Begründung (Prinzip der Gleichberechtigung der Kriegführenden).

lungen vornehmen usw. In der richtigen Erkenntnis, daß dem Kriege als ultima ratio und als Kampf um Sein oder Nichtsein keine über das allgemeine Kriegsrecht hinausgehende Beschränkungen auferlegt werden können, hat der Montreuxvertrag darauf verzichtet, der einen oder anderen Kriegspartei in einem türkischen Kriege Vorschriften zu machen, die sie in einer wirksamen Kriegführung hätten beeinträchtigen müssen und deshalb wahrscheinlich doch nicht beobachtet worden wären.

3. Sanitätsvorschriften

Zum Schutze vor Verseuchung der Meerengen durch Cholera, Pest, Gelbfieber, Flecktyphus und Pocken sind sowohl für Handelsschiffe wie für Kriegsschiffe Vorsichtsmaßregeln angeordnet[191], die ohne Rücksicht auf Friedens- oder Kriegszeiten zu beobachten sind.

Handelsschiffe unterstehen einer Sanitätskontrolle, die im Rahmen der internationalen Sanitätsbestimmungen von der Türkei eingerichtet ist[192]. Bei der Einfahrt in die Meerengen haben die Schiffe bei einer Sanitätswache anzulegen, um sich der Kontrolle zu unterziehen. Diejenigen Schiffe, die eine Bescheinigung darüber besitzen, daß sie aus einem nicht verseuchten Hafen kommen oder die ein Gesundheitsattest vorweisen können, daß sie keinen Fall der erwähnten Krankheiten an Bord haben, sind bei Tag und Nacht mit möglichster Beschleunigung abzufertigen. Auf der weiteren Durchfahrt dürfen sie nicht noch einmal angehalten werden.

Handelsschiffe, die an Bord Fälle der erwähnten Krankheiten haben oder in den letzten sieben Tagen gehabt haben oder die vor weniger als fünfmal 24 Stunden einen verseuchten Hafen verlassen haben, müssen an der Sanitätswache für die Dauer der Durchfahrt von den türkischen Behörden zu bestimmende Sanitätskontrollbeamte an Bord nehmen. Hierfür dürfen besondere Abgaben über in Annex I vorgesehene allgemeine Sanitätskontrollabgabe hinaus nicht erhoben werden.

Die Unterscheidung, die Annex § 6 II—IV des Lausanner Meerengenabkommens machte, ob ein Arzt an Bord des Handelsschiffes ist oder nicht und ob das Schiff einen Meerengenhafen anlaufen will oder ob es die Meerengen, ohne anzulegen, passieren will[193], ist vom Montreuxvertrag also nicht übernommen worden.

Für Kriegsschiffe[194] ist die Lausanner Regelung[195] fast wörtlich

[191] Art. 3, 22 MV.
[192] Art. 3 MV.
[193] War ein Arzt an Bord des Handelsschiffs und sollte es ohne Aufenthalt die Meerengen passieren, so galt nach dem LMA die Regelung für Kriegsschiffe. Vgl. Annex § 6 II LMA.
[194] Art. 22 MV.
[195] Annex § 6 I LMA.

und ohne inhaltliche Änderung übernommen. Die Kriegsschiffe unterstehen keiner Sanitätskontrolle durch türkische Behörden, sie sind aber verpflichtet, von sich aus jede Möglichkeit der Verseuchung der Meerengen zu vermeiden, dadurch daß sie bei Infektionsgefahr[196] die Meerengen unter Quarantäne passieren und mit allen an Bord zur Verfügung stehenden Mitteln vorbeugende Maßnahmen ergreifen.

B. Der Flugverkehr

Es wurde bereits bei der Erwähnung des Widerspruchs zwischen dem durch die Präambel des Montreuxvertrages aufrechterhaltenen Art. 23 des Lausanner Friedensvertrages und dem Inhalt des Montreuxvertrages selbst und seines Art. 1 darauf hingewiesen, daß von einer Freiheit der Luftschiffahrt über den Meerengen keine Rede mehr sein kann[197]. Die gleichartige Behandlung des Schiffsverkehrs und des Flugverkehrs, wie das LMA vorsah, indem es die Regeln für Handelsschiffe auf Zivilflugzeuge und die Regeln für Kriegsschiffe auf Militärflugzeuge anwandte, ist unter dem Montreuxvertrag fortgefallen.

Der MV widmet den „Aéronefs" einen besonderen Abschnitt, der aber, aus einem Artikel bestehend, nicht die ganze Materie des Flugverkehrs behandelt, sondern eigentlich nur zwei Einzelbestimmungen enthält. Eine Unterteilung nach Friedenszeiten, Kriegszeiten usw. ist ebenfalls nicht vorgenommen worden. Es muß infolgedessen angenommen werden, daß die allgemeinen Grundsätze des Luftvölkerrechts, soweit nicht der Vertrag etwas anderes bestimmt, Anwendung finden sollen. Sie sind daher hier heranzuziehen.

Zugrunde zu legen ist der Satz, daß die Souveränität eines Staates sich auch auf den Luftraum über seinem Gebiet erstreckt[198]. Das Überfliegen fremden Staatsgebiets ist daher verboten, falls nicht besondere vertragliche Abmachungen mit dem Staat, der die Souveränität ausübt, vorliegen. Als solche sind die Bestimmungen des Art. 23 des MV anzusehen.

Für Zivilflugzeuge werden in Art. 23 MV Ausnahmen vom allgemeinen Überfliegungsverbot geschaffen. Es wird dabei unterschieden, ob es sich um einen Flug vom Mittelmeer zum Schwarzen Meer und umgekehrt oder um einen Flug vom europäischen zum asiatischen Kontinent und umgekehrt handelt.

Für den Flugverkehr zwischen den Meeren ist die Meerengenzone

---

[196] Es sind dieselben Voraussetzungen wie bei Handelsschiffen; siehe oben S. 65.
[197] Siehe oben S. 35.
[198] Bis zum Weltkrieg bestritten; heute, insbesondere seit dem Pariser Abkommen vom 13. Oktober 1919, unbestritten. Vgl. Liszt-Fleischmann, S. 140 III, 1; Lit. daselbst Anm. 8.

überhaupt Sperrgebiet, doch verpflichtet sich die Türkei, eine Route für diese Flugverbindung zu bestimmen[199]. Das ist geschehen: die Flugzeuge müssen den Weg Enos—Midia, also eine Route über dem europäischen Festland, nehmen[200]. Als besondere Formalität ist eine Voranmeldung bei der türkischen Regierung vorgesehen. Ein einzelner Flug ist drei Tage vorher anzumelden, für einen regelmäßigen Flugdienst ist eine allgemeine Anmeldung mit Angabe der Flugdaten erforderlich und ausreichend.

Der Flugverkehr zwischen Europa und Asien, der notwendig die Meerengenzone überqueren muß, ist von einer besonderen Erlaubnis abhängig gemacht, die auf Grund der türkischen Luftfahrtverordnungen erteilt wird[201]. Innerhalb der Meerengenzone ist eine bestimmte Route zu verfolgen, die in bestimmten Zeitabschnitten von der Türkei bekanntgegeben wird.

Diese Vorschriften gelten selbstverständlich nur für die Flugzeuge solcher Staaten, mit denen die Türkei im Frieden lebt, das heißt die Zivilflugzeuge feindlicher Staaten erhalten durch diese Bestimmungen kein Recht, türkisches Gebiet zu überfliegen.

Von Militärflugzeugen wird in Art. 23 MV nicht gesprochen. Da demnach hier keine Ausnahme geschaffen werden sollte, bleibt es für sie also beim Verbot, die Meerengen — wie türkisches Gebiet überhaupt — zu überfliegen. Da aber dieses Verbot nur ein Ausfluß der Gebietshoheit der Türkei ist, nicht aber eine Bestimmung des MV, die die Türkei zur gleichmäßigen Handhabung des Verbotes gegenüber allen Mächten verpflichtet[202], so darf die Türkei auch Militärflugzeugen im Einzelfall das Überfliegen ihres Gebietes erlauben. So kann sie insbesondere im Frieden Luftstreitkräfte der ihr befreundeten Mächte zu Höflichkeitsbesuchen, Manövern usw. einladen. Im Kriege — gleichgültig, ob die Türkei selbst Krieg führt oder nicht — muß man sie wohl auch für berechtigt halten — eben mangels des die Türkei **verpflichtenden Charakters des Überfliegungsverbots** — den Luftstreitkräften ihrer Verbündeten das Überfliegen zu gestatten; der dem Verbündetenverhältnis zugrunde liegende Vertrag braucht nicht einmal ein Beistandspakt im Sinne des Art. 19 II MV zu sein.

Während das Überfliegen mit Willen und Erlaubnis der Türkei also jederzeit möglich ist, ist es ohne Rücksicht auf den Willen der Türkei und unter Umständen sogar gegen ihren Willen nur möglich in dem einen, wiederholt erwähnten Fall der VB-Exekution. Hier muß die

---

[199] Art. 23 I.
[200] Vgl. Frankfurter Zeitung v. 9. August 1926.
[201] Art. 23 II.
[202] Aus den Worten „zones interdites des Détroits" in Art. 23 I ist nicht das Gegenteil zu schließen!

Türkei nach Art 16 VBS auch als verpflichtet gelten, das Überfliegen ihres Gebietes einschließlich der Meerengen durch die Luftstreitkräfte der VB-Mitglieder, die die Exekution durchführen, zu dulden [203].

Daß in einem türkischen Kriege das Kriegsrecht den feindlichen Flugzeugen das Überfliegen türkischen Gebiets und auch der Meerengen erlaubt, bedarf keiner besonderen Erwähnung mehr; hört doch die Befriedung der Meerengen in diesem Fall überhaupt auf [204].

Schluß

Es ist heute noch nicht möglich, ein abschließendes Urteil über den Wert des neuen Meerengenabkommens von Montreux zu fällen. Erst die Praxis muß zeigen, ob sich das neue Régime bewährt oder nicht. Aber gewisse Umstände rechtfertigen die Vermutung, daß dem Montreuxvertrag eine verhältnismäßig lange Lebensdauer beschieden sein wird, soweit überhaupt von einer dauerhaften Regelung der Meerengenfrage gesprochen werden kann [1].

Zunächst ist der Montreuxvertrag im Gegensatz zum Lausanner Meerengenstatut nicht auf der Vormachtstellung eines einzelnen Staates aufgebaut. In Lausanne bestimmte, wie wir gesehen haben, England! Rußland, das in noch stärkerem Maße als England an der Meerengenfrage interessiert ist, wurde überhaupt kaum gefragt, konnte jedenfalls seinen Standpunkt in keiner Weise durchsetzen. Auch die Türkei mußte sich damals dem englischen Willen fügen und ein Meerengenrégime anerkennen, das ihre Souveränität und Sicherheit stark beeinträchtigte.

Montreux ist dagegen beherrscht vom Gleichgewicht der Mächte und stellt daher einen Interessenausgleich dar. Die Türkei gewann ihre Militärhoheit zurück und es gelang ihr, die internationale Kontrolle der Meerengendurchfahrt zu beseitigen. Rußland konnte seine Sicherheit im Schwarzen Meer erhöhen und setzte die Bevorzugung der Uferstaaten des Schwarzen Meeres in den Meerengen durch. All diese Erfolge der andern mußten auf den ersten Blick natürlich auf Kosten Englands, des Siegers von Lausanne, gehen. Aber es scheint England doch gelungen zu sein, zu verhindern, daß seine Interessen dabei wesentlich berührt wurden. Denn dadurch, daß es, seiner traditionellen Politik gemäß, in dem Augenblick zur Aufgabe von Lausanne bereit

---

[203] Das ergibt sich nicht speziell aus Art. 25 MV, da ja das Überfliegungsverbot gar keine Vorschrift des MV ist, sondern das folgt schon aus der Unterwerfung der Türkei — wie aller Mitglieder — unter die VBS schlechthin.

[204] Siehe oben S. 31 und 64.

[1] Vgl. Topf, S. 74.

war, als dieses Régime doch nicht mehr länger zu halten war, hat England sich die Freundschaft der Türkei sichern können, auf deren große Bedeutung gerade unter dem neuen Régime bereits hingewiesen wurde[2]. England hat dadurch seine Stellung im Mittelmeer gegenüber Italien, das es nach wie vor als den Bedroher seines Weltreiches ansieht, wesentlich verstärken können. Zwar glaubten anfangs viele Beobachter der politischen Entwicklung im Mittelmeer einen völligen Fehlschlag der englischen Politik feststellen zu müssen, insbesondere da die Türkei am Tage der Unterzeichnung des Montreuxvertrages die Hinfälligkeit ihrer Verpflichtungen aus dem mit England gegen Italien geschlossenen Mittelmeerbeistandspakt[3] erklärte, den England anscheinend durch sein Nachgeben gegenüber Rußland und der Türkei gerade hatte aufrechterhalten wollen[4]. Aber schon die nächste Zeit ließ Anzeichen für eine erneute englisch-türkische Annäherung erkennen. Schon der Telegrammwechsel der Außenminister Eden und Dr. Aras nach Unterzeichnung des MV sprechen von einem neuen Zeitabschnitt der Freundschaft und engen Zusammenarbeit[5]. Der Besuch König Eduards VIII. in der Türkei bei seiner Mittelmeerferienreise Anfang September 1936, der angekündigte offizielle türkische Staatsbesuch in London[6], der Besuch eines türkischen Geschwaders in Malta und das Gerücht über einen großen englischen Rüstungskredit zur Befestigung der Dardanellen und zum Ausbau der türkischen Flotte sind weitere Zeichen der erfolgten Annäherung.

Aber nicht nur die für die praktische Anwendung des Montreuxvertrages wie für die Mittelmeerpolitik gleichwichtige Freundschaft der Türkei hat England erworben, es hat auch — und zwar sicherlich im Zusammenhang mit seinem Nachgeben in der Meerengenfrage — den Beitritt Rußlands zum Flottenvertrag erreicht[7] und neue Stützpunkte im Mittelmeer in Gestalt der jugoslawischen Kriegshäfen an der Adria, die mit englischen Mitteln ausgebaut werden sollen[8], gefunden. In der russischen Flotte, deren Erscheinen im Mittelmeer zu fast jeder Zeit durch den Montreuxvertrag ermöglicht wurde, sieht England eher ein Gegengewicht gegen Italien als eine Gefahr für seine eigene Mittelmeerstellung, die es durch die Befestigung von Malta und Zypern und durch die Bereinigung der englisch-ägyptischen Beziehungen wesentlich gestärkt hat und durch die energisch in Angriff genommene Bereinigung der Palästinafrage noch weiter zu festigen beabsichtigt.

---

[2] Für Art. 19 und 20, vgl. oben S. 58.
[3] Siehe oben S. 27.
[4] Vgl. VBuVR, August 1936, S. 329.
[5] Vgl. Kölner Zeitung v. 18. August 1936.
[6] Hamburger Nachrichten v. 12. September 1936.
[7] Vgl. Ostwald in RDO v. 5. August 1936, S. 636.
[8] Hamburger Nachrichten v. 13. September 1936.

Dieses alles wurde erwähnt, um zu zeigen, daß England durchaus nicht besiegt und geschwächt aus den Meerengenverhandlungen von Montreux hervorging[9]. Der Montreuxvertrag, der das seit dem Weltkrieg gestörte Gleichgewicht in der Meerengenfrage wiederherstellt, ist also kein Instrument in der Hand eines oder einer Anzahl Staaten, das von vornherein notwendig die anderen Staaten zwingen muß, gegen dieses Régime anzukämpfen und auf seine Beseitigung hinzuwirken.

Neben dieser Ausgeglichenheit der Interessen der Beteiligten ist die vorgesehene Möglichkeit der Einzelrevision der Vorschriften des Montreuxvertrages ein Umstand, der zur Aufrechterhaltung des Abkommens als Ganzes beitragen kann, da nicht jede Einzelvorschrift des Abkommens, die aus irgendeinem Grunde der Erneuerung bedarf, auch gleich den ganzen Vertrag mit in Frage zu stellen braucht. Für welche Vorschriften die Revisionsmöglichkeit einmal in Anspruch genommen werden wird, läßt sich heute natürlich auch noch nicht sagen, eben weil der MV keine ausgesprochenen Schwächen hat, die eine Abänderung dringend erforderlich machen. Insbesondere liegt meines Erachtens kein Grund zur Annahme vor, daß gerade England an einer Revision interessiert sein müsse, wie es VBuVR[10] meinen.

Bei einer Gesamtwürdigung des Montreuxvertrages sind Lobgesänge über den Triumph des Prinzips der Freiheit der Meeresstraßen, wie sie nach Abschluß des Lausanner Meerengenabkommens angestimmt wurden[11], nicht angebracht. Der Grundsatz der Freiheit der Durchfahrt ist zwar nicht fallen gelassen, er soll sogar den Montreuxvertrag überdauern und unabänderlich sein. Aber von einer wirklichen Durchführung des Prinzips kann man kaum sprechen, denn die Ausnahmen sind so erheblich, daß die neue Regelung von Montreux sich schon wieder stark der Vorkriegsregelung nähert, wo man von der „ancienne règle de l'empire ottoman", der Schließung der Meerengen für Kriegsschiffe, ausging, aber Ausnahmen machte für kleine Kriegsschiffe im Dienste der Gesandtschaften, für Stationsschiffe der Großmächte an der Donaumündung und schließlich auch für Kriegsschiffe der der Türkei befreundeten und verbündeten Mächte, welche die Türkei zur Aufrechterhaltung der Verträge zu Hilfe rief.

Wenn man sich auch in Montreux von dem theoretischen Idealbild der Meerengenfreiheit eher entfernte als ihm näherkam, so entspricht die Neuregelung um so mehr den praktischen Bedürfnissen der Beteiligten. Bedauerlich, insbesondere vom deutschen Standpunkt, ist nur die durch den Montreuxvertrag vollzogene formale Anerkennung jenes gefährlichen Systems der Beistandspakte in der offiziellen völkerrecht-

---

[9] Damit haben wir die Antwort auf die oben S. 32 aufgeworfene Frage.
[10] August 1936, S. 330.
[11] Vgl. Rougier, S. 338.

lichen Terminologie, ein Punkt, der in Deutschland geradezu zur Ablehnung des ganzen Vertrages führte, soweit er über die Wiederherstellung der türkischen Militärhoheit in den Meerengen hinausgeht[12]. Es sei aber bemerkt, daß eine Gefährdung Deutschlands in höherem Maße als unter dem Lausanner Régime, wo sowieso allen Schiffen die Durchfahrt erlaubt war, heute nicht gegeben ist!

Letzten Endes hängt das Funktionieren des neuen Meerengenrégimes heute wieder, ähnlich wie vor dem Kriege, in hohem Grade von der Türkei selbst ab. Wie die Reden des türkischen Ministerpräsidenten und des Außenministers vor der Großen Nationalversammlung anläßlich der Ratifikation des MV zeigen[13], erkennt die Türkei das Vertrauen, das die Mächte in ihre Friedfertigkeit und Korrektheit setzen, an und ist sich der großen, verantwortungsvollen Aufgabe, die ihr der Montreuxvertrag stellt, voll bewußt. Von ihrer gewissenhaften Erfüllung kann der Frieden Europas und der Welt abhängen.

---

[12] Vgl. VBuVR, a. a. O., S. 330; Übersberger, S. 206.
[13] Vgl. Ankara v. 6. August 1936.

Literaturverzeichnis

Bücher und Abhandlungen

Brell, Die Außenpolitik der Türkei. Süddeutsche Monatshefte, Juni 1936, S. 535 ff.
Bülow, v., Der Versailler Völkerbund. Berlin, Stuttgart und Leipzig 1923.
Dascovici, La question du Bosphore et des Dardanelles. Genf 1915.
Dendrino, Bosporus und Dardanellen. Berlin 1914.
Erich, La question des zones démilitarisées. Chap. 5: La zone démilitarisée des Détroits, in: Académie de droit international, Recueil des cours, 1929, I, p. 651. suiv.
E. W. E(schmann), Die Meerengen in der Geschichte, in: Die Tat, Jena 1936, S. 387 ff. (28. Jahrg.).
Giannini, L'armistizio di Mudania. Roma 1922.
Gorianow, Le Bosphore et les Dardanelles. Paris 1910.
Graves, The question of the Straits, in: Journal of the Royal Central Asian Society, Januar 1933, S. 7 ff.
Herz, Eine neue Wendung in der Meerengenfrage, in: Friedenswarte 1936, S. 138 ff.
Hill, Régime des Détroits. Chap. VII: Les Dardanelles, la Mer de Marmara et le Bosphore, in: Académie de droit international, Recueil des cours, 1933, III, p. 501 suiv.
Jäschke, Die Meerengenfrage als türkisches und internationales Problem, in: Osteuropa 1935/36, 11. Jahrg., S. 439 ff.
Jäschke-Pritsch, Die Türkei seit dem Weltkriege. Geschichtskalender 1918 bis 1928. Berlin 1929.
Klinghardt, Die türkischen Meerengen, in: Volk im Werden 1936, 4. Jahrg., Heft 8.
Knorr, Die Donau- und die Meerengenfrage. Weimar 1917.
Kohler, Die Dardanellenfrage, in: Zeitschrift für Völkerrecht und Landesstaatsrecht, 1911, S. 187 ff.
Kumrow, Der Bosporus und die Dardanellen. Würzburg 1913 (Diss.)
Laun, Die Internationalisierung der Meerengen und Kanäle. Bericht. Haag 1918.
Linn, Die Internationalisierung der Meerengen von Konstantinopel. Ansbach 1930 (Erl. Diss.).
Liszt-Fleischmann, v., Das Völkerrecht. 12. Aufl. Berlin 1925.
Lubenoff, Die völkerrechtliche Lage auf dem Balkan, in: Zeitschrift für ausländisches öffentliches Recht und Völkerrecht, Band IV—VI, 1934—1936.
Mischef, La Mer Noire et les Détroits de Constantinople. Paris 1899.

Mohr, Konstantinopel und die Meerengenfrage, in: Meereskunde, Bd. 16, Heft 2. Berlin 1927.
Nadolny, 10 Jahre türkischer Außenpolitik, in: Europäische Revue, 1936, 12. Jahrgang, S. 449 ff.
Oppenheim, International Law. 4th edition. Vol. II (ed by Mc Nair). London 1926.
Ostwald, Die Barrieren der Nationen der Mitte, in: Reichsverband deutscher Offiziere, 1936, S. 636 f.
Ray, La question des Détroits Affaires étrangères. 1936, p. 261 suiv.
Rougier, La question des Détroits et la convention de Lausanne, in: Revue générale de Droit International Public, t. 31, 1924, p. 309 suiv.
Sauerteig, Die völkerrechtliche Stellung der Dardanellen im Vertrag von Lausanne. Würzburg 1932 (Diss.).
Sievert, Die Meerengen von Konstantinopel, in: Marinerundschau, 1934, S. 219 ff.
Strupp, WdV Wörterbuch des Völkerrechts und der Diplomatie. Berlin und Leipzig 1924. 3 Bde.
— TP Theorie und Praxis des Völkerrechts. Berlin 1925.
— GVR Grundzüge des positiven Völkerrechts. 4. Aufl. Bonn 1928.
Topf, Der jetzige Stand der Dardanellenfrage und das Lausanner Meerengenabkommen. Göttingen 1927 (Diss.).
Übersberger, Das Meerengenproblem, in: Das Volk, 1936, Heft 8.
De Visscher, Le régime nouveau des Détroits, in: Revue de Droit International et de législation comparée, s III t. IV (1923), p. 537 suiv., t. V (1924), p. 13 suiv.
Ziemke, Die neue Türkei. Politische Entwicklung 1914—1929. Berlin und Leipzig 1930.

Urkundensammlungen

Hoetzsch-Bertram, Südosteuropa und naher Orient, Dokumente zur Weltpolitik der Nachkriegszeit. Heft 7, Leipzig und Berlin 1936.
v. Martens-Triepel, Nouveau Recueil Général de Traités.
Société des Nations. Recueil de Traités.
(League of Nations. Treaty Series.)
Strupp, Doc., Documents pour servir à l'histoire du droit des gens, t. V. Berlin 1923.
Livre jaune, Conférence de Lausanne, 2 vol. Paris 1923.

Zeitungen und Zeitschriften

Ankara.
L'Asie Française (Paris).
L'Azione Coloniale (Rom).
Basler Nachrichten.
Berliner Tageblatt.
Bremer Nachrichten mit Weserzeitung.
Bulletin Quotidien (Paris).
Correspondance d'Orient (Paris).
Daily Telegraph (London).
Deutsche Allgemeine Zeitung (Berlin).
Der Deutsche Volkswirt (Berlin).
Frankfurter Zeitung.
Hamburger Monatshefte für Auswärtige Politik.
Hamburger Nachrichten.
Hamburger Tageblatt.
Hamburgischer Correspondent.
Manchester Guardian.
Le Messager d'Athènes.
Le Milliett (Konstantinopel).
Oriente moderno (Rom).
Société des Nations, Journal officiel (Genf).
Le Temps (Paris).
The Times (London).
Völkerbund und Völkerrecht (Berlin).
Völkischer Beobachter (Berlin).
Welt des Islams (Berlin).

Printed by Libri Plureos GmbH
in Hamburg, Germany